Antje Kahnt

Zu Fuß durch PARIS

12 Spaziergänge

D

Zu Fuß durch PARIS

Rue Saint-Antoine: St-Paul-St-Louis

Liebe Stadtspazierer,

nirgends sei man wirklich gewesen, wo man nicht zu Fuß war, wusste schon der alte Goethe. Für keine Stadt gilt das so wie für Paris, die der Geheimrat trotz einer Einladung Napoleons übrigens nie betreten hat.

Als im 19. Jahrhundert das mittelalterliche Gesicht der Stadt verschwand und sich Paris mit den großen Boulevards, eleganten Cafés und mondänen Theatern zur **Welthauptstadt** aufschwang, wurde an der Seine ein neuer Menschenschlag geboren: der Flaneur. Mit Flair und grandioser Architektur verführt Paris auch heute noch fast jeden zu ausgedehnten Spaziergängen.

Den Reiz der Stadt machen nicht nur die Wahrzeichen wie Eiffelturm, Notre-Dame und Sacré-Cœur aus, sondern ihre vielen Gesichter. In vielen grünen Oasen, versteckten Höfen und den alten Dorfstraßen der Randbezirke vergisst man schnell, dass man sich in der französischen Hauptstadt befindet, während ein paar Straßenzüge weiter schon wieder das Leben pulsiert. Paris ist voller Abenteuer und erfindet sich jeden Tag neu.

Vor 30 Jahren habe ich mich sofort in diese Stadt verliebt. Deshalb bin ich meiner Familie unheimlich dankbar, dass sie mich immer wieder dorthin „von der Leine lässt". In den vielen Jahren als Stadtführerin in Paris habe ich immer wieder neue **bezaubernde und überraschende Ecken** entdeckt, die trotz aller Mühe nicht komplett in dieses Buch gepasst haben. Die zwölf Routen – für Parisneulinge wie für Fortgeschrittene – sind das Kondensat meiner momentan liebsten Stadtwanderungen. Auch in den beliebten Vierteln Montmartre und Marais gibt es Winkel, die vielleicht nicht jeder kennt. Besonders ans Herz gewachsen sind mir jedoch Pfade etwas abseits der Touristenströme, deren kleine Geheimnisse entdeckt werden wollen. Mit dem Buch in der Tasche bin ich dabei fast persönlich an Ihrer Seite und wünsche viel Vergnügen beim **Flanieren** und **Stadtwandern!**

„In Paris herumstreifen – anbetungswürdiges und köstliches Dasein. Flanieren ist eine Wissenschaft, ist die Feinschmeckerei des Auges."

Honoré de Balzac

Ihre Antje Kahnt

1

Start: Ausgang der Metrostation Cité, Place Louis-Lépine, 75004 Paris
Ziel: Metrostation Saint-Michel
Länge: ca. 5,5 Kilometer
Dauer: 2,5–3 Stunden
ÖPNV: Metrostation Cité; am Ziel: Metrostation Saint-Michel
Parken: Parking Indigo Paris Lutèce, Boulevard du Palais, 75004 Paris

UNTERWEGS ENTDECKT

1. Blumenmarkt
2. Conciergerie
3. Sainte-Chapelle
4. Notre-Dame
5. Römische Stadtmauer
6. Collège des Bernardins
7. Hôtel Le Brun
8. Arena von Lutetia
9. Saint-Étienne-du-Mont
10. Panthéon
11. Sorbonne
12. Musée de Cluny
13. Saint-Séverin
14. Square Viviani
15. Shakespeare & Company
16. Brunnen des Heiligen Michael

ESSEN + TRINKEN

Les Deux Palais, 3 Boulevard du Palais, 75004 Paris, Tel. +33 (1) 43 54 20 86, brasserielesdeuxpalais.fr (für eine Zwiebelsuppe in historischem Ambiente oder einen Drink auf der Terrasse)

La Table des Bernardins, Collège des Bernardins, 20 Rue de Poissy, 75005 Paris, Tel. +33 (7) 59 56 84 48, collegedesbernardins.fr (Wochentags gibt es im gotischen Refektorium ein günstiges Mittagsmenü, Kaffee und Törtchen sind im Garten ein Gedicht.)

CITÉ-INSEL UND QUARTIER LATIN

Am Anfang war Lutetia

„Wir befinden uns im Jahre 50 v. Chr. Ganz Gallien ist von den Römern besetzt." Auch eine keltische Siedlung auf einer Seineinsel wurde dem römischen Reich einverleibt. Wo genau diese Insel lag, können Archäologen und Historiker nicht genau verorten. Das gallorömische Lutetia, „vom Wasser umgeben", entstand wohl im 3. Jahrhundert aus einem Militärlager und dehnte sich bis ins Quartier Latin aus. Davon künden noch die Reste der römischen Thermen und der Arena. Rund um Notre-Dame wurden die Relikte einer gallorömischen Mauer aus dem 4. Jahrhundert ausgegraben.

Bienvenue, zur Begrüßung gibt es Blumen! Bereits Hector Guimard umrankte seinen Metroeingang 1900 mit Mohnblüten. Vis-à-vis duftet es seit 1873 täglich aus den schmiedeeisernen Hallen des ❶ **Blumenmarktes.** Bis Ende 2022 gesellten sich sonntags noch die „Vogelfänger" mit Wellensittichen, Kanarienvögeln und Hühnern dazu. Die Pariser Polizisten der gegenüberliegenden Präfektur werden auch ohne Vogelmarkt weiterhin „Poulets", Hühnchen, genannt.

Am Quai d'Horloge treffen wir auf einen trutzigen Bau aus dem Mittelalter. Als der Graf von Paris, Hugo Capet, 987 zum neuen König bestimmt wurde, ließ er auf den Fundamenten des römischen Gouverneurspalastes und der Residenz Chlodwigs sein Palais de la Cité errichten. Philippe II. Auguste setzte um 1200 hier das erste Mal einen Concierge als Burgvogt und Richter ein, der der Festung bis heute den Namen gibt: ❷ **Conciergerie.**

1371 tickte am Tour d'Horloge die erste öffentliche Uhr, die 2012 restauriert wurde. Das Dekor von 1585 verweist auf König Heinrich III.

Während des Hundertjährigen Krieges kam es zur Revolte. 1358 ließ Etienne Marcel, Anführer der Kaufleute, den Palast erstürmen und Getreue des in England inhaftierten Königs ermorden. Karl V. baute daraufhin den Louvre ab 1370 zur neuen Residenz aus. Die Conciergerie wurde Gerichtshof, 2022 fielen dort die Urteile im Bataclan-Pro-

Blumenmarkt

zess. Bis 1934 diente sie auch als Staatsgefängnis. Die Zelle Marie-Antoinettes aus der Revolutionszeit, aber auch der mittelalterliche Gardesaal können heute besichtigt werden.

Nicht verpassen darf man ein verstecktes Juwel inmitten des Justizpalastes. Mit ihren leuchtenden, gotischen Glasfenstern gilt die 3 **Sainte-Chapelle** als schönste Kirche von Paris. Der später heiliggesprochene Ludwig IX. ließ die Doppelkapelle bis 1248 in nur sechs Jahren bauen. Doch kaum ein Sterblicher konnte den steinernen Schrein für die Dornenkrone Christi in Augenschein nehmen, das Volk bekam die Reliquien am Karfreitag vom Balkon aus gezeigt. Lediglich die Königsfamilie sah in der filigranen Oberkirche das Licht durch die fünfzehn Lanzettfenster fallen. Die Höflinge mussten sich beim Gottesdienst

Conciergerie

mit der Unterkapelle begnügen. Die Westfront der Kapelle wurde um 1500 im verspielten Flamboyant-Stil umgestaltet und die Rosette mit den Szenen der Apokalypse integriert.

Zurück an der Place Louis Lépine passieren wir das Hôtel Dieu. Das historische Spital wurde im Mittelalter für Kranke und Bedürftige gegründet, damals noch auf der anderen Seite des Platzes an der Seine. Nachdem Stadtpräfekt Haussmann unter Napoleon III. die mittelalterlichen Fachwerkhäuser rasieren ließ, entstand um 1870 der heutige Bau. Er wird noch als Notfall- und Spezialklinik genutzt, seine Zukunft ist aber ungewiss.

Nebenan empfängt die nach dem Brand wiederauferstandene, nun strahlend schöne Kathedrale 4 **Notre-Dame** seit Dezember 2024 wieder Gläubige und Touristen.

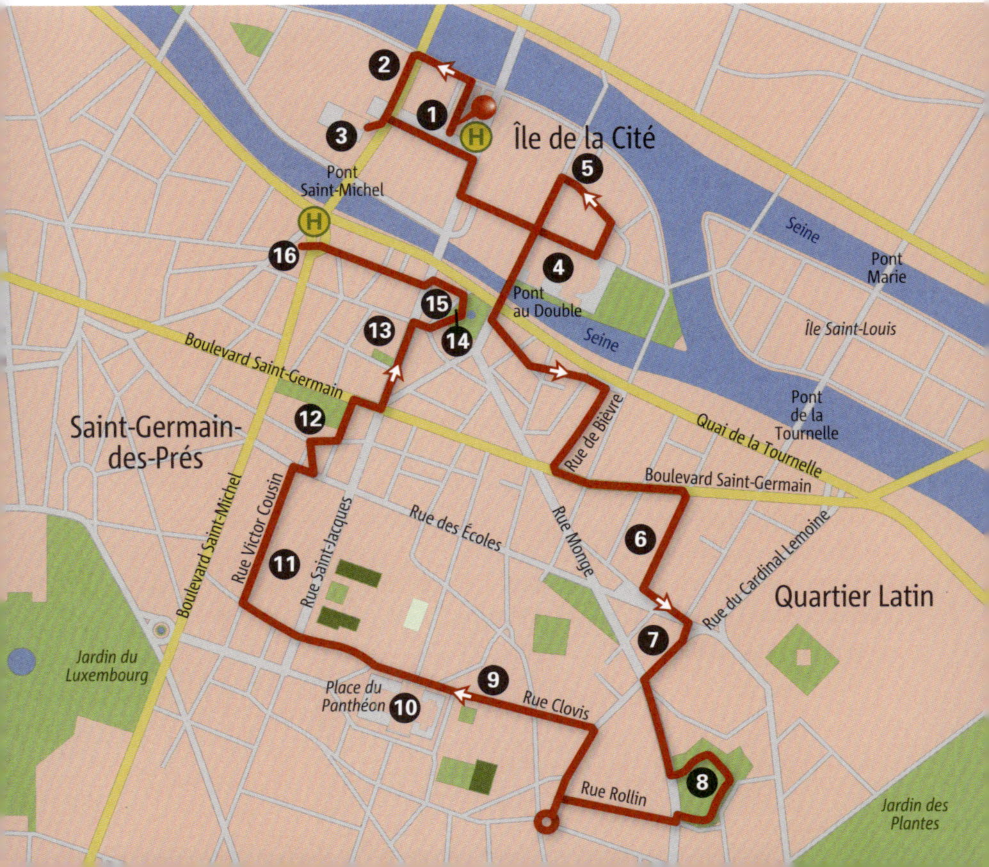

1 CITÉ-INSEL UND QUARTIER LATIN

DER BAU DER KATHEDRALE
1163 hatte Erzbischof Maurice de Sully den Grundstein gelegt. Rund 100 Jahre waren Generationen von Handwerkern auf der Großbaustelle beschäftigt. Mit 120 Metern Länge und den beiden 69 Meter hohen Portaltürmen ist Notre-Dame die größte Kirche in Paris und längst ein Wahrzeichen der Hauptstadt. Typisch für die Gotik sind die Rüstlöcher in der Fassade. Beim Bau und bei Restaurierungen wurden sie genutzt, um dort die Gerüste zu verankern. Um sich nicht über Gott zu stellen, haben die Bauleute im Mittelalter einen kleinen Baufehler eingeplant: der rechte Turm ist dünner als der linke.

Auch nach der Revolution war die Kathedrale in einem desolaten Zustand und wurde von Viollet-Le Duc um 1850 generalüberholt. Er ließ die Könige Judäas in der Westfassade erneuern, die im Mittelalter noch bunt bemalte Gewänder hatten. Außerdem ergänzte er den hölzernen Vierungsturm, der 2023 wieder rekonstruiert wurde.

Der Aufbau des nördlichen Langhauses und sein Strebewerk sind von der Rue Massillon aus gut zu erkennen. Von dort geht's in die Rue Chanoinesse mit dem Bistro Vieux Paris. Die mit Glyzinien überwucherte Fassade des Kanonikerhauses von 1512 ist ein beliebtes Fotomotiv. Weiter auf der Rue de la Colombe ist bei Nr. 6 der Verlauf der ersten ⑤ **Stadtmauer** von Paris markiert. Um 300 hatten die Römer sie zur Verteidigung gegen die Barbaren errichtet.

Über den Pont au Double geht's ans linke Seineufer, dann nach dem Quai gleich links in die Rue de la Bûcherie. Im früheren Hôtel de Colbert war vom 15. bis 18. Jahrhundert die École de Médecine untergebracht, deren Amphithéâtre von 1745 bei Nr. 15 zu sehen ist. Heute wird es von einem philanthropischen Club genutzt, der Mäzene mit Projektpartnern zur Förderung des Gemeinwohls zusammenbringt.

Von der Bronzeplakette auf dem Vorplatz der Kathedrale werden alle Entfernungen in Frankreich gemessen. Der Platz wird bis 2028 umgestaltet.

Die Rue des Grands Degrés bringt uns zurück zur Seine. Über die Rue de Bièvre, benannt nach dem verschwundenen Nebenfluss der Seine, kehren wir zurück ins

Notre-Dame

Collège des Bernadins

Gewirr der Straßen. Die schmale Gasse wurde bis Mitte der 1990er-Jahre durch Wachposten gesichert, da Mitterrand auch als Präsident in seinem Appartement in Nr. 22 wohnen blieb. Das kleine Gärtchen nebenan trägt den Namen seiner Frau Danielle, die sich in der Resistance und für Menschenrechte engagierte.

Wir folgen dem Boulevard Saint-Germain in Fahrtrichtung und biegen ein Stück hinter der Kirche Saint-Nicolas rechts in die Rue de Poissy ab. Um 1250 gründeten Zisterzienser hier das 6 **Collège des Bernardins,** in dem junge Mönche ausgebildet wurden. Nach der Revolution wurde die Kirche abgetragen. Das Refektorium, der frühere Speisesaal der Mönche, wurde erst Feuerwehrkaserne, dann bis zur Jahrtausendwende ein Internat für Polizeischüler. Nach einer Restaurierung ist der gotische Bau heute ein christlicher Lern- und Kulturort.

Nach den Treppenstufen geht es die Rue des Écoles abwärts bis zur Rue du Cardinal Lemoine. In Nr. 5 bietet das Cabaret Paradis Latin Paradiesvögeln allabendlich in einem Saal von Gustave Eiffel eine Bühne. Hügelaufwärts erwartet uns bei Nr. 9 ein kleines Juwel. Der Neffe des berühmten Hofmalers Ludwigs XIV. hatte das 7 **Hôtel Le Brun** bei Germain Boffrand in Auftrag gegeben. Später wohnten noch zwei andere Hofmaler hier – Antoine Watteau kurz vor seinem Tod 1721 und ab 1800 die Porträtistin der Königin Marie-Antoinette, Elisabeth Vigée-le Brun.

Schräg links in die Rue Monge abgebogen, steuern wir bei Nr. 49 ein Portal an. Bereit für eine Zeitreise? Mit etwas Fantasie sitzen wir sogleich auf den Rängen der 8 **Arena von Lutetia** inmitten lärmender Römer, die Gladiatoren mit Raubkatzen kämpfen sehen. Bis zu 15.000 Besucher strömten vor 1700 Jahren in das Oval, in dem sich heute die Anwohner auf eine Partie Pétanque oder Fußball treffen.

Vom Square Capitan aus nehmen wir die Rue des Arènes zurück zur Rue Monge. Nach der Treppe führt die Rue Rollin geradewegs zur Nr. 74 der Rue Cardinal Lemoine, in der Ernest Hemingway ab 1922 logierte. Eine kurze Stippvisite führt links auf die Place de la Contrescarpe und zur quirligen

Arena von Lutetia

Rue Mouffetard. Ansonsten geht es rechts wieder leicht hügelabwärts. In der links abzweigenden Rue Clovis ragt linker Hand ein Stück der Stadtmauer Philippe Augustes aus der Zeit um 1200 heraus. Die Straße ist nach dem Merowinger Chlodwig benannt, der 496 der erste Christ auf dem fränkischen Thron war. Sein Grab befand sich in der Abteikirche Sainte-Geneviève, von der noch der Glockenturm im Lycée Henryi-IV existiert. 9 **Saint-Étienne-du-Mont** gegenüber wurde in einem Mix aus Spätgotik und Renaissance um 1600 vollendet. Im Inneren findet man die einzig erhaltene Chorschranke von Paris. Viele Besucher pilgern direkt zum Grab der Pariser Schutzpatronin. Die Heilige Genoveva hatte 451 die Stadt vor dem Einfall der Hunnen bewahrt. Anfang Januar wird ihr Schrein in einer Prozession durch das Viertel getragen. Die Anhöhe dominiert das 10 **Panthéon,** die Ruhmeshalle der „großen Männer Frankreichs". 1744 genesen von schwerer Krankheit, löste Ludwig XV. 20 Jahre später sein Gelübde ein und legte den Grund-

Mit einem Extraticket kommt man neben Krypta und Halle mit Foucaults Pendel auch auf die Kuppel mit einer spektakulären Aussicht.

Panthéon

stein einer neuen Kirche. Diese wurde erst 1790 nach dem Tod des Baumeisters Soufflot fertig. Als Kirche während der Revolution nicht mehr erwünscht, bestimmte die junge Republik den Bau 1791 zur Grablege für ihre Nationalhelden. Und, in der Fassade schon die zugemauerten Kirchenfenster entdeckt? Mittlerweile gehören dem Kreis der „Panthéonisierten" sechs Frauen an, darunter die Doppelnobelpreisträgerin Marie Curie, die erste Präsidentin des Europäischen Parlaments Simone Veil und der Revuestar Joséphine Baker wegen ihres Einsatzes als Sanitätspilotin in der Resistance.

Auf der Rue Cujas kreuzen wir die Rue Saint-Jacques. Sie war der Cardo maximus, die nord-südliche Hauptachse von Lutetia. Später zogen hier die Pilger nach Santiago de Compostela. Heute ist der um 1900 errichtete Bau der (11) **Sorbonne** mit der Kuppel des Observatoriums nicht zu übersehen. Der Eingang des Rektorats liegt an der Rue de la Sorbonne. Kardinal Richelieu ist in der nicht öffentlichen Kapelle bestattet, deren Grundstein hatte er als Rektor 1635 gelegt. Eine Universität gab es bereits um 1200 in Paris. Unter deren Dach gründete der Hofgeistliche Robert de Sorbon 1257 ein theologisches Kolleg. Auf ihn geht der Name der berühmtesten Bildungsanstalt Frankreichs zurück.

Unterhalb der Sorbonne sitzt Montaigne vor einem Gärtchen. Seinen Schuh haben Generationen von Studenten für Glück bei den Prüfungen blankgewetzt. Dahinter liegt das spätgotische Hôtel de Cluny, das sich ein Abt des burgundischen Klosters

Sorbonne, Ehrenhof

Square Samuel Paty

errichten ließ. Es gehört heute zum Komplex des Mittelaltermuseums. Im ⑫ **Musée de Cluny** kann man die in sechs Wandteppiche gewebte „Dame mit dem Einhorn" besuchen und Teile der während der Revolution zerschlagenen Königsfiguren von Notre-Dame sehen. Dem Museum angegliedert sind die erhaltenen Backsteinmauern der Thermen von Lutetia.

Bei Nr. 31 der Rue Saint-Jacques gibt es eine ungewöhnliche Sonnenuhr: Frauengesicht und Jakobsmuschel stammen von Dalí.

Über die Rue de la Harpe geht's weiter zur Kirche ⑬ **Saint-Séverin,** die um 1500 vollendet wurde. Das „Flammen schlagende" Maßwerk der Fenster gibt dem Flamboyantstil seinen Namen. Die leuchtend blauen Fenster sind ein Werk von Jean Bazaine, der auch das Deckenmosaik der Metrostation Cluny-La Sorbonne geschaffen hat. Beim Durchschreiten des doppelten Chorumgangs findet man eine Säule, die als steinerne Palme vom Paradiesgarten erzählt.

Gegenüber der Kirche beginnt die Rue Galande, in der trotz der Studentenproteste 1968 das Kopfsteinpflaster „vergessen" wurde. Hier sind noch einige mittelalterliche Häuser zu finden. Ein großer Stein des Cardo maximus ist vor der kleinen frühgotischen Kirche **Saint-Julien-le Pauvre** zu sehen. Errichtet ab 1165 ist sie eines der ältesten Gotteshäuser von Paris, ein Vorgängerbau ist schon im

Notre-Dame und Saint-Julien-le-Pauvre

Rue du Chat-qui-pêche

Shakespeare & Company

6. Jahrhundert nachweisbar. Die Ikonenwand der heute griechisch-orthodoxen Kirche kann man am besten bei einem Konzert sehen. An die Kirche grenzt der 14 **Square Viviani,** den man wegen seines Blicks zu Notre-Dame den „schönsten Garten von Paris" nennt. Bereits 1601 hatte Jean Robin, der Hofgärtner Heinrichs IV., hier eine „Falsche Akazie" gepflanzt, die heute nach ihm Robinie heißt. Der älteste Baum der Stadt wird mittlerweile durch einen Betonkern und Efeu gestützt, treibt aber jedes Frühjahr wieder aus.

Fontaine Saint-Michel

Der westliche Teil der Rue de la Bûcherie führt am englischsprachigen Buchladen 15 **Shakespeare & Company** vorbei. Er wurde 1951 gegründet und nach dem berühmten Laden von Sylvia Beach in der Rue de l'Odéon benannt, wo James Joyce, Ernest Hemingway und F. Scott Fitzgerald ein und aus gingen. Vollgestopft bis unter die Decke mit Büchern und mit den herumstromernden Katzen ist die „Kopie" längst selbst zum Original geworden.

Wir folgen der Straße zur **Rue de la Huchette.** Rechts geht eine winzige Seitenstraße ab, die Rue du Chat-qui-pêche. Der Name stammt von einer mittelalterlichen Legende: Ein Stiftsherr hatte eine schwarze Katze, die ihm regelmäßig Fische aus der Seine angelte. Studenten versuchten, sie in der Seine zu ertränken. Die Katze überlebte, die Studenten aber wurden dafür gehängt. Auch legendär ist das Théâtre de la Huchette bei Nr. 23. Seit 1957 stehen „Die kahle Sängerin" und „Die Unterrichtsstunde" von Eugène Ionesco auf dem Spielplan. Von dort ist es nur noch ein Katzensprung bis zum 16 **Brunnen des Heiligen Michael.** Der Schutzpatron der Studenten wurde 1860 von Gabriel Davioud in eine Hauswand integriert. Auf der Brunnenmauer sitzend kann man dem Treiben auf dem Platz eine Zeit lang zusehen, bevor es zur Metrostation um die Ecke und zu weiteren Entdeckungen geht.

2

START: Place de la Bastille, Juli-Säule, 75004 Paris
ZIEL: Metrostation Saint-Paul
LÄNGE: ca. 4,5 Kilometer
DAUER: ca. 2–2,5 Stunden
ÖPNV: Metrostation Bastille ; am Ziel : Metrostation Saint-Paul
PARKEN: Parking Indigo Bastille, 53 Boulevard de la Bastille, 75012 Paris

UNTERWEGS ENTDECKT

1. Bastille
2. Rue Saint-Antoine
3. Hôtel de Sully
4. Place des Vosges
5. Hôtel Carnavalet
6. Square Georges Cain
7. Musée Picasso
8. Nationalarchiv
9. Rue des Francs Bourgeois
10. Das „Pletzl“
11. Rue François Miron
12. Hôtel de Sens
13. Stadtmauer
14. Village Saint-Paul
15. Saint-Paul-Saint-Louis

ESSEN + TRINKEN

Griffon, 55 bis Rue des Francs Bourgeois, 75004 Paris,
Tel. +33 (1) 43 36 98 37, griffon.paris
(uriger Laden mit versteckter Terrasse und fairen Preisen)

Café Mulot, 6 Place des Vosges, 75004 Paris,
+33 (1) 82 83 03 80, cafe-mulot.com
(Zum Frühstück bei Victor Hugo? Das charmante Museumscafé macht's möglich.)

MARAIS

Schloss an Schloss

Ein Parisbesuch ohne das Marais? Unmöglich! Dazu ist das Viertel mit seiner Geschichte, den Palais und den quirligen Geschäftsstraßen einfach zu spannend. Im Mittelalter entstanden Klöster im Bereich eines alten Seinearms. Der morastige Untergrund gab dem Viertel seinen Namen: der Sumpf. 1370 verließ Karl V. die Cité-Insel, das Gebiet nördlich der Seine wurde zum Quartier der Könige. Die Höflinge traten in einen Wettstreit um das schönste Stadtpalais, bis Ludwig XIV. Versailles zur Residenz bestimmte. Danach verfiel das Viertel, bis es 1962 geschützt und wieder zu einer Perle gemacht wurde.

Los geht's an der 1 **Bastille,** von der Festung im Mauerring Karls V. ist jedoch kaum noch etwas zu sehen. Als Gefängnis und Waffenarsenal wurde sie am 14. Juli 1789 gestürmt – der Beginn der Großen Revolution, die Frankreich das erste Mal zur Republik machte. Auch in den folgenden Jahren blieb die Luft in Paris explosiv. 1830 standen wieder Barrikaden in den Straßen. Der kurze, aber blutige Juli-Aufstand fegte die Bourbonen-Könige endgültig vom Thron. Zur Erinnerung an die Opfer wurde 1840 die Juli-Säule mit dem Genius der Freiheit errichtet. Heute wird der Platz durch die neue Oper von Carlos Ott beherrscht, die an die Stelle eines früheren Bahnhofs trat. Mitterrand war mit der Einweihung der „Volksoper" zum 200. Jahrestag der Revolution ein großer Coup gelungen. Aufgrund ihrer raffinierten Bühnentechnik finden hier die Operninszenierungen statt, die Ballette sind der alten Opéra Garnier vorbehalten.

Unter dem Bastille-Platz verläuft der Canal Saint-Martin. Ein schöner Spaziergang führt durch die Gärten des Arsenal-Hafens bis zur Seine.

Bereits im Oktober 1789 war die Bastille komplett geschleift, ihre Umrisse sind an der Einmündung der 2 **Rue Saint-Antoine** im Straßenpflaster zu finden. Die Straße ist die Schlagader des Marais, an der ab 1360 das Hôtel Saint-Pol, die bevorzugte Residenz

Place de la Bastille

Hôtel de Sully

von Karl V., lag. Bis Mitte des 16. Jahrhunderts wohnten Mitglieder der Königsfamilie noch im nahen Hôtel des Tournelles. Dort verunglückte Heinrich II. bei einem Schauturnier – die gegnerische Lanze durchbohrte das Visier des Königs. Nach dem Unglück ließ seine Witwe Katharina von Medici das Palais abreißen, das bis zum kleinen Platz an der Rue des Tournelles reichte. Dort steht die Statue von Beaumarchais. Sein Anwesen nördlich der Bastille fiel dem Bau des Canal Saint-Martin zum Opfer. Der geschäftstüchtige und eloquente Tausendsassa hatte es am Hof Ludwigs XV. zu Adelspatent und Richterposten gebracht, berühmt ist er jedoch für seine Stücke „Barbier von Sevilla“ und „Figaros Hochzeit“, die dank Rossini und Mozart die Opernbühnen eroberten. Gegenüber passieren wir den Temple du Marais. 1634 als Ordenskirche von François Mansart geplant, ist er seit 1802 Heimat einer evangelischen Gemeinde.

Bei Nr. 62 eröffnet ein großes Portal den Blick in den Hof des **3 Hôtel de Sully,** eines typischen „Hôtel particulier“. Die Stadtpalais französischer Adelsfamilien basieren immer auf einer um einen Hof gruppierten Dreiflügelanlage mit zentralem Wohntrakt und Wirtschaftsbereichen in den Flügeln. Dahinter schließt sich ein zweiter ummauerter Hof an, in dem der Garten neugierigen Blicken von der Straße verborgen bleibt. 1632 erwarb der Herzog von Sully, Finanzminister Heinrichs IV., das durch Jean Androuët du Cerceau gebaute Anwesen. Nach der düsteren Zeit der Glaubenskriege üppig dekoriert kann man an der Renaissancefassade der Seitenflügel die Reliefs der „Vier Elemente“

erkennen. Über dem Portal des Haupthauses findet man die Darstellungen von Herbst und Winter, die Allegorien von Frühling und Sommer sind auf der Gartenseite angebracht. Im 19. Jahrhundert wurde das Palais von Handwerkern bewohnt, die nicht für den Unterhalt des Baus sorgen konnten. Schon halb verfallen kam er 1942 unter staatliche Fittiche und ist seit 1967 Sitz der nationalen Denkmalbehörde.

Rechts der Orangerie den „geheimen Durchgang" entdeckt? Nach einem Wimpernschlag steht man unter den Arkaden der 4 **Place des Vosges** mit 36 fast identischen Häusern. Medaillons von Heinrich IV. und Maria de Medici weisen die größeren Torhäuser als Pavillons von König und Königin aus. Der König selbst gilt als geistiger Vater der Platzanlage. 1600 soll er seinen Hofarchitekten Louis Méte-

Place des Vosges

zeau und Jacques II. Androuët du Cerceau den Stift geführt und den Prototyp des Königsplatzes erfunden haben. Das Farbspiel der Fassaden aus roten Backsteinen und hellen Natursteinen rund um den großen Garten macht den Platz heute zum schönsten von Paris. Der Rasen lädt zum Picknicken und Chillen ein, während sich unter den Arkaden junge Musiktalente ausprobieren. Manchmal kann man hier auch die Dreharbeiten einer Filmproduktion verfolgen.

Victor Hugo lebte zwölf Jahre im Haus Nr. 6. Es kann wie alle städtischen Museen kostenlos besucht werden. Wie wär's mit einer kleinen Pause im Museumscafé?

Wir verlassen den Platz zur Rue des Francs Bourgeois, um Madame de Sevigné einen Besuch abzustatten. Die geistreiche Marquise hat in ihren Briefen mit spitzer Feder vom Leben am Hofe des Sonnenkönigs berichtet. Sie mietete sich 1677 im 5 **Hôtel Carnavalet** ein. Das um 1550 von Hofarchitekt Pierre Lescot erbaute und um 1650 durch François Mansart umgestaltete Renaissanceschlösschen ist heute das Museum für Stadtgeschichte. Karten, Stadtansichten und viele alltägliche Gerätschaften aus 2000 Jahren lassen das heutige Paris verstehen. Ein Raum ist der Marquise gewidmet, die hier an ihrem kleinen Sekretär 20 Jahre lang ihren Alltag in Briefen festgehalten hat. Bereits um 1600 wohnte Madame de Kernevenoc'h im Palais. Amüsiert über die Verballhornung ihres bretonischen Namens brachte sie über dem Portal eine „Masque du carnaval" an.

Die Rue des Francs Bourgeois gewährt den Blick in den idyllischen Garten des Museums, der im Sommer durch ein Restaurant bespielt wird. Links gegenüber beginnen die Mauern des **Hôtel Lamoignan,** in dem die stadtgeschichtliche Bibliothek untergebracht ist. Das Palais wurde vermutlich ab 1585 durch Androuët du Cerceau für Diane von Frankreich, eine legitimierte Tochter Heinrichs II., errichtet. Später gehörte es dem Parlamentarier Guillaume de Lamoignan, der hier einen Salon unterhielt. Das Portal mit zwei Putten, die Wahrheit und Klugheit symbolisieren, liegt an der Rue Pavée. An der Ecke zur Rue Mahler ist ein merkwürdiger Mauervorsprung zu sehen, ein Überrest des La-Force-Gefängnisses. Weil man sie für Royalisten hielt, wurden viele der Insassen während der Septembermorde 1792 von Revolutionsanhängern abgeschlachtet. Zu den Opfern gehörte die Prinzessin de Lamballe, engste Vertraute Marie-Antoinettes. Ihren aufgespießten Kopf trug der Mob durch die Stadt bis vor das Fenster der Königin.

Charmanter wird es in der anderen Richtung auf der Rue Payenne. Zur Linken befindet sich in Nr. 5 das letzte Wohnhaus von François Mansart, heute genutzt von einer brasilianischen Kirche. Daneben liegt der

Garten des Musée Carnavalet

Wallace-Brunnen im Garten

Square Georges Cain

kleine Garten des Hôtel Donon. Es beherbergt eine delikate Sammlung an Kunstobjekten des 18. Jahrhunderts, die die Familie Cognacq-Jay, Gründer des Kaufhauses Samaritaine, zusammentrug. Im anschließenden Hôtel de Marle ist das schwedische Kulturinstitut untergebracht, das zu Ausstellungen und in sein Hofcafé einlädt.

Auf der anderen Straßenseite schließen sich zwei Gärten an das Hôtel Le Peletier de Saint-Fargeau an, das auch zum Stadtmuseum gehört. Im romantischen 6 **Square Georges Cain** werden wir durch die Figur „Île de France“ von Aristide Maillol begrüßt. In der Anlage finden sich zahlreiche archäologische und baugeschichtliche Relikte. Auf der rechten Seite ist ein Teil des Uhrenturms des Tuilerien-Schlosses zu sehen, das 1871 während der Pariser Commune in Flammen aufging. Die alte Orangerie des Hôtel Le Peletier auf der linken Seite ist auch vom Square Léopold Achille aus zugänglich. Direkt neben dem Zaun findet man einen Bogen des alten Pariser Rathauses, das ebenfalls 1871 abbrannte und nach den Plänen der Renaissance 1875 wieder aufgebaut wurde. In den Kassetten weisen der gekrönte Salamander und das F auf König Franz I. hin.

Am Ende des Gartens geht es nach links weiter zur Rue de Thorigny. Im Hôtel Aubert de Fontenay ist seit 1985 das 7 **Musée Picasso** untergebracht, das die größte Samm-

Gartenseite des Musée Picasso

lung des Meisters außerhalb Spaniens besitzt. Über 200 Gemälde, 150 Skulpturen und 1500 Zeichnungen erhielt der französische Staat nach dem Tod Picassos 1973 anstelle der Erbschaftssteuer. Durch das Eintreiben der Salzsteuer wurde auch Pierre Aubert de Fontenay reich. Deshalb nennt man sein 1659 vollendetes prunkvolles Anwesen mit dem hufeisenförmigen Ehrenhof bis heute auch Hôtel Salé.

Wir umrunden das Museum und biegen nach dem Garten rechts in die Rue des Quatre-Fils ab. An der nächsten Straßenecke rechts befindet sich das **Musée de la Chasse et de la Nature** im Hôtel de Guénégaud, das einzige in Paris erhaltene Stadtpalais von François Mansart. In dem klassischen Bau von 1650 ist ein Privatmuseum untergebracht, das sich völkerkundlich und künstlerisch mit der Beziehung von Mensch und Tier und der Jagd auseinandersetzt. Direkt gegenüber liegen die fensterlosen Depotmauern des **8 Nationalarchivs,** das ab 1856 unter Napoleon III. errichtet wurden. Auf der Rue des Archivs schließt an diesen massigen Baukörper ein filigran wirkendes Torgebäude an. Das Portal mit dem Doppelturm ist ein Überrest des Hôtel de

Nationalarchiv im Hôtel de Soubise

Clisson, das sich 1371 der Bretone Oliver de Clisson bauen ließ. Während des Hundertjährigen Krieges stieg er zum Connétable de France auf, ein Vorgängeramt der französischen Marschälle. Um 1650 ging das Palais in den Besitz des Herzogs von Guise über, einer der Rädelsführer der Hugenottenkriege. Ab 1705 wurde es für den Prinzen von Soubise umgebaut. Er hatte vom Erfolg seiner Gemahlin Anne de Rohan als Mätresse des Sonnenkönigs profitiert. Das alte Palais erhielt eine neue, klassische Fassade, die sich nun zur Rue des Francs Bourgeois und dem mondänen Ehrenhof öffnete. 1732 gestaltete Germain Boffrand die Appartements für den Sohn des Prinzen im Rokoko-Stil um. Die Hofmaler François Boucher und Carl van Loo waren für die Dekorationen zuständig. Das Rokoko-Dekor des **Hôtel de Soubise** kann heute im musealen Bereich des Archivs besichtigt werden.

„Chez Marianne" im „Pletzl"

Gegenüber dem Portal des Hôtel de Soubise ist zurückgesetzt zwischen den Häuserfronten ein geziegelter Turm zu erkennen. Sein steinerner Sockel ist ein Überbleibsel der Stadtmauer von Philippe Auguste, die Ziegel sind ein Zutun des 19. Jahrhunderts. In den versteckten Hof des Turms gelangt man tagsüber durch den Haupteingang der Crédit Municipal oder über das Kulturcafé Griffon.

Im Hof des Hôtel de Soubise führt rechts ein Durchgang in einen beschaulichen Garten, eine versteckte Oase im pulsierenden Marais.

Weiter auf der 9 **Rue des Francs Bourgeois** kann man bei Nr. 53 durch den Hinterausgang einen Blick in die Barockkirche Notre-Dame-des-Blancs-Manteaux werfen. Das spätgotische Türmchen bei Nr. 42 ist der Rest des Hôtel Hérouet aus dem frühen 16. Jahrhundert, das bei Bombenangriffen 1944 zerstört wurde. Bei Nr. 38 führt ein Hof, die Impasse Arbalétiers, zum Schweizer Kulturinstitut. Diese „Sackgas-

Rue des Rosiers

se der Armbrustschützen" wurde 1407 zum Tatort. Der Burgunderherzog Johann Ohnefurcht lauerte hier seinem Vetter Louis d'Orléans, dem Bruder des Königs, auf. Als dieser aus einem Nebeneingang des Palais der Königin in die Gasse trat, wurde er eiskalt erstochen. Der Mord löste eine lange Fehde zwischen den beiden Familien aus, während der schließlich auch noch der furchtlose Burgunderherzog dran glauben musste.

Gegenüber der Gasse, vorbei am Bistro Voltigeur mit Teddys aus dem Gobelinviertel, biegen wir ein in das Herz des jüdischen Quartiers. Bereits im Mittelalter siedelten hier die ersten Juden, einen großen Zuwachs erlebte die Gemeinde im 19. Jahrhundert vor allem aus Osteuropa. Obwohl die Spuren der Gentrifizierung auf der Rue des Rosiers deutlich zu sehen sind, duftet es im **10 „Pletzl"** immer noch an jeder Ecke nach Falafel und Hefegebäck. Hinter der gelben Ladeneinfassung von Sacha Finkelsztajn gehen seit 1946 Mohnzöpfe, Apfelstrudel und Matzebrot über die Theke, perfekt für ein Picknick im Jardin Joseph Migneret im ruhigeren Teil der Straße bei Nr.10. Durch den Garten verlief einst die Stadtmauer von Phillippe Auguste, das Überbleibsel eines Mauerturms entdeckt man direkt nach der Gartenpforte. In der bereits im Mittelalter gepflasterten Straße, der Rue Pavée, finden wir bei Nr. 10 eine der Synagogen des Viertels, die der Jugendstil-Meister Hector Guimard entworfen hat.

Nach Überqueren der Rue Saint-Antoine geht's rechts hinein in die **11 Rue François Miron.** Bei Nr. 68 stoßen wir auf das Portal des Oberverwaltungsgerichtes im Hôtel de Beauvais. Pierre de Beauvais ließ sich das Haus vom Hofarchitekten Antoine le Pautre bauen. Sein Vermögen verdankte er seiner Frau Catherine Bellier. Königin Anna von Österreich hatte ihrer Kammerzofe aufgetragen, den späteren Sonnenkönig in die Liebe einzuführen. In der Folgezeit wechselte das Anwesen mehrmals Besitzer und Aussehen, ab 1755 mietete sich der bayrische Botschafter ein, bei dem der knapp achtjährige Mozart auf seiner ersten Europatournee zu Gast war.

2 MARAIS

PARIS IM MITTELALTER
Enge Gassen, Fachwerkhäuser – wer an Straßburg und sein Münster denkt, bekommt eine Vorstellung, wie Paris vor 750 Jahren aussah. Die Fachwerkhäuser von Nr. 11 und 13 der Rue Miron sind ein Überbleibsel des früheren Stadtbildes. Ihr Ursprung geht ins 14. Jahrhundert zurück, sie wurden aber mehrmals umgebaut und um 1970 rekonstruiert. Nur ein paar Meter weiter kann man bei Nr. 46 in den mittelalterlichen Gewölbekeller des Maison d'Ourscamp absteigen. Ebenfalls „steinreich" war der Alchimist Nicolas Flamel, der sich im Nordteil des Marais in der Rue de Montmorency ein Wohnhaus bauen ließ. Fertiggestellt 1407 ist es heute das älteste Haus von Paris.

Ein Stück zurück spazieren wir halbrechts in die Rue de Jouy, vorbei am Verwaltungsgericht im Hôtel d'Aumont, das um 1650 von Hofarchitekt Louis Le Vau geplant wurde. An den Garten des Palais schließt sich der Square Albert Schweitzer an, der an die **Cité Internationale des Arts** grenzt. Der Bau von 1965 beherbergt rund 300 Ateliers, in dem jedes Jahr über 1000 bildende Künstler und Musiker aus aller Welt einige Monate leben und arbeiten können. Auf der anderen Seite der Rue des Nonnains d'Hyères erwartet uns ein dritter Garten, der zum spätgotischen ⑫ **Hôtel de Sens** gehört. Ab 1500 war es das Pariser Anwesen der Bischöfe von Sens, denen bis ins 17. Jahrhundert die Diözese Paris unterstand. 1605 bot der Erzbischof der schönen Königin Margot einen Unterschlupf an, als sie nach ihrer Verbannung vom Hof Heinrichs IV. zurück nach Paris kam. Unter Ludwig XIV. wurde der Bau eine Poststation und stieg gut 200 Jahre später zur Marmeladenfabrik ab. Heute ist dort die kunsthistorische Bibliothek der Stadt untergebracht, die Nichtlesern bei Ausstellungen offen steht.

Neben dem Haupteingang die Kanonenkugel von 1830 entdeckt? Seit der Julirevolution steckt sie an der Rue des Figuier im Mauerwerk fest.

Parallel zur Rue des Jardins Saint Paul führt die Rue de l'Ave Maria zu einer umzäunten Anlage, die den Blick auf die Apsis von Saint Paul-Saint Louis öffnet. An der Rückwand des Sportplatzes des Lycée Charlemagne ist jedoch eine 80 Meter lange Mauer viel bedeutsamer. Es ist das längste noch erhaltene Stück der 13 **Stadtmauer** von Philippe Auguste. Der König hatte ab 1190 seine Hauptstadt befestigen lassen, bevor er zum Kreuzzug aufbrach.

Durchbrüche in der Häuserfront auf der rechten Straßenseite führen ins 14 **Village Saint-Paul.** Das frühere Dörfchen existierte bereits im 12. Jahrhundert, damals noch vor den Toren von Paris. Ab 1361 erlebte es einen Aufschwung, als König Karl V. im Hôtel Saint-Pol nahe der Seine in der Rue Saint-Paul seine Residenz einrichtete. In den 1970er-Jahren wurden die Gebäude aus dem 16.–18. Jahrhundert restauriert. Heute haben Kunsthandwerker und Antiquitätenhändler Platz zum Leben und Arbeiten gefunden.

Wir verlassen das Labyrinth der Höfe nach Norden und spazieren schräg gegenüber in die winzige Gasse Rue Eginhard, am alten Brunnen vorbei bis auf die Rue Saint Paul. An der nächsten Ecke bei Nr. 32 ist an der Fassade noch ein Rest der früheren Dorfkirche Saint-Paul-des-Champs zu sehen. Seit 1125 Pfarrkirche, wurde sie von 1361 bis 1559 von der Königsfamilie genutzt, wenn diese das Hôtel Saint-Pol oder das Palais des Tournelles bewohnte. Bei Nr. 43 beginnt die Passage Saint-Paul, die zum Hintereingang der Kirche 15 **Saint-Paul-Saint-Louis** führt. In den alten Häusern der Gasse wohnten Jesuiten. Die Hauptfassade ihrer Kirche, die 1641 von Kardinal Richelieu geweiht wurde, ist durch die Jesuitenkirche in Rom inspiriert. Ab 1688 war Marc-Antoine Charpentier Kapellmeister bei den Jesuiten. Hier schrieb er sein berühmtes Te Deum für Ludwig XIV., die bekannte Eurovisionsmusik. Mit den Fanfarenklängen im Ohr schreiten wir zur Metro.

Hôtel de Sens

Saint-Paul-Saint-Louis, Rue de Sevigné

3

START: Ausgang der Metrostation Pont Neuf, Quai du Louvre, 75001 Paris
ZIEL: RER-Station Luxembourg
LÄNGE: ca. 4 Kilometer
DAUER: ca. 2 Stunden
ÖPNV: Metrostation Pont Neuf; am Ziel: RER-Station Luxembourg
PARKEN: Parking Indigo Paris Harlay Pont Neuf, Quai des Orfèvres, 75001 Paris

UNTERWEGS ENTDECKT

1. Samaritaine
2. Pont Neuf
3. Lapérouse
4. Picassos Atelier
5. Tabou-Club
6. Académie Française
7. La Palette
8. École des Beaux-Arts
9. Square Laurent Prache
10. Literatencafés
11. Saint-Germain-des-Prés
12. Place Furstemberg
13. Cour du Commerce Saint-André
14. Rue de l'Odéon
15. Saint-Sulpice
16. Jardin du Luxembourg

ESSEN + TRINKEN

L'heure gourmande, 22 Passage Dauphine, 75006 Paris,
Tel. +33 (1) 46 34 00 40, heuregourmande.fr
(Wer Törtchen und hausgemachter Limonade nicht widerstehen kann, wird sicher mehr als eine Stunde in dieser Stadtoase verbringen.)

La Palette, 43 Rue de Seine, 75006 Paris, Tel. +33 (1) 43 26 68 15
(In der alten Künstlerkneipe gibt es solide Bistroküche und immer was zu gucken.)

SAINT-GERMAIN-DES-PRÉS

Bei Dichtern und Denkern

„Il n'y a plus d'après … à Saint-Germain-des-Prés“ – es gibt nichts mehr nach Saint-Germain-des-Prés, sang Juliette Greco, eine Ikone des Viertels, nach dem Zweiten Weltkrieg. Damals war der ehemalige Klosterbezirk zum Treffpunkt der Intellektuellen geworden, die bis in die Nacht in den Cafés debattierten, während andere in den Jazzkellern die Nacht zum Tag machten. Geistreich ist das 6. Arrondissement bis heute geblieben und auch ein Viertel, wo man erst im Morgengrauen nach Hause geht.

„On trouve tout à La ❶ **Samaritaine“,** warb Ernest Cognacq in seinem 1870 gegründeten Kaufhaus. Die großen Lettern und die Terrasse für jedermann sind verschwunden. Seit der Wiedereröffnung 2021 gehört die Art-déco-Fassade von Henri Sauvage an der Seine zum Luxushotel Cheval Blanc. Das von LVMH neukonzipierte Kaufhaus beschränkt sich auf den älteren, 1910 von Frantz Jourdain errichteten Teil. Sein fantasievolles Jugendstildekor ist an der Ostseite noch gut zu sehen.

Kaufhaus Samaritaine

Über den ❷ **Pont Neuf,** die erste unbebaute Brücke der Stadt, verlassen wir direkt das kommerzielle rechte Ufer, um uns der „geistreichen“ linken Seineseite zuzuwenden. 1607 von Heinrich IV. eingeweiht, ist die Steinbrücke heute die älteste Seinequerung. Der König blickt von seinem Ross auf die ebenfalls von ihm angelegte Place Dauphine, die inmitten der Ziegel- und Natursteinfassaden immer für einen Petit Noir und eine Partie Pétanque gut ist. Im Rücken des Reiters kann man an der Spitze der Cité-Insel zum romantischen „Garten des grünen Galan“ absteigen,

Pont Neuf

eine charmante Umschreibung für den königlichen Schürzenjäger. An der Treppe erinnert eine Plakette an den Feuertod Jacques de Molays. Aus den Flammen soll der letzte Großmeister des Templerordens seine Widersacher König Philipp den Schönen und Papst Clemens V. verflucht haben – beide starben noch im selben Jahr.

Rund um die Seineinseln locken am Nachmittag die grünen Kästen der Bouquinisten. Hemingway sammelte liegengelassene Bücher in seiner Anfangszeit in Paris und tauschte sie bei den Buchhändlern in interessantere Lektüre um. Wir widerstehen der Versuchung, in alten Kladden zu stöbern, und biegen nach links auf den Quai des Grands Augustins ab. An der nächsten Ecke stoßen wir auf die dunkelblaue Ladeneinfassung des 3 **Lapérouse.** Im Inneren ebenso dunkel und etwas plüschig, ist es seit über 150 Jahren ein Treff der Intellektuellen, wo Hugo, Zola und Proust, Simone de Beauvoir und Sartre zu den Gästen zählten. Wegen seiner intimen Salons haben auch mehrere französische Präsidenten hier Kostbarkeiten aus Weinkeller und Küche des früheren Drei-Sterne-Restaurants genossen. In einem Salon „pour deux" begann die Romanze zwischen Jane Birkin und Serge Gainsbourg. Woody Allen fand hier eine Kulisse für seinen Film „Midnight in Paris", wo er dem Paris der Goldenen Zwanziger ein Denkmal setzte.

Gegenüber dem Atelierhaus erinnert ein Stein an den Thronanspruch des jungen Ludwig XIII., der hier von der Ermordung seines Vaters Heinrich IV. im Hallenviertel erfuhr.

Den kürzesten Weg zum Lapérouse hatte **Picasso,** der 1937 4 **Atelier** und Wohnung in der Nr. 7 der Rue des Grands Augustins einrichtete, um „Guernica" zu malen.

Ein Jahr später zog Gertrude Stein, die Mäzenin, in die benachbarte Rue Christine Nr. 5. Die amerikanische Kunstsammlerin und Schriftstellerin wohnte dort mit Alice

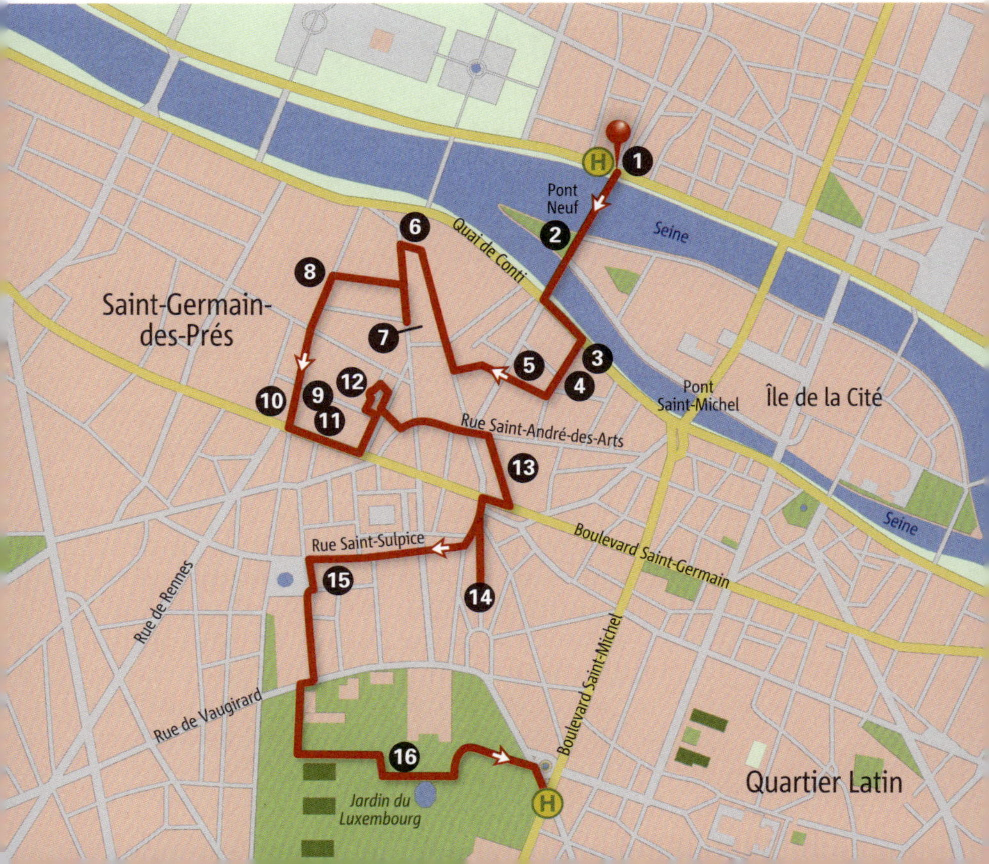

Lapérouse

Passage Dauphine

Toklas – ihrer Lebenspartnerin, Muse, Lektorin und Köchin – sowie dem Königspudel Basket. Gertrude Stein hatte den Maler bereits 1905 in seiner Anfangszeit in Paris kennengelernt, während langer Porträtsitzungen im Bateau Lavoir hatten sie sich angefreundet. An der Ecke zur Rue Dauphine erinnert eine Plakette an einen In-Treff kurz nach dem Zweiten Weltkrieg. In den Kellergewölben des **5** **Tabou-Clubs** brachte der „Prinz von Saint-Germain", Boris Vian, mit seiner Trompete das Blut des Publikums noch weit nach Mitternacht in Wallung, während Juliette Greco, die Muse der Existentialisten, mit Miles Davis flirtete. Heute gibt es im Café des Hôtel d'Aubusson auch Jazzsoireen, das Publikum bleibt aber artig in den Fauteuils sitzen. Durch die private Passage Dauphine gelangen wir in eine kleine Oase, wo man einen Nachmittag genüsslich im Teesalon vertrödeln kann.

Weiter zur Rue Mazarine sehen wir rechts Richtung Seine schon die vergoldete Kuppel von Le Vau, unter der die Sitzungen der Akademien der Wissenschaften und Künste stattfinden. Die berühmteste ist die **6** **Académie Fran-**

çaise, deren 40 „Unsterbliche" über die Reinheit der französischen Sprache wachen. Samstags ist der Kuppelsaal mit dem Grab Kardinal Mazarins für Besucher geöffnet. 1661 gründete Mazarin hier das Collège des Quatre Nations, seine Büchersammlung bildet den Grundstock der ersten öffentlichen Bibliothek im östlichen Seitenflügel. Von hier führt die Lieblingsbrücke aller Verliebten, der Pont des Arts, zum Louvre.

Hinter dem Institut de France gibt es einen kleinen Garten mit Kirschbäumen und Steinbänken in Buchform – perfekt für eine Schmökerstunde.

Zurück über die Rue de Seine spazieren wir an der winzigen Rue Visconti vorbei, in die ein kleiner Blick lohnt. Christo und Jeanne Claude haben sie 1962 als Protest gegen den Bau der Berliner Mauer mit Ölfässern verbarrikadiert, ihre erste öffentliche Aktion ließ die Polizei nach vier Stunden auflösen. Schräg gegenüber haben seit rund 120 Jahren Künstler eine Heimat in der Eckkneipe 7 **La Palette.** Auf den Holzstühlen haben schon Picasso und Hemingway gesessen, Jim Morrison wurde hier gesichtet und Jacques Chirac gehörte bis zuletzt zu den Stammgästen. Nachtschwärmer kommen hierher für einen Apéro.

Square Gabriel Pierné und Kuppel des Institut de France

Sonntags gibt es Brunch, in der Woche bekommt man deftige Roggenbrote von Poilâne, Romy Schneiders Lieblingsbäcker an der Metrostation Dupleix.

La Palette

Ein paar Meter zurück führt uns die Rue des Beaux-Arts zur Kunstakademie. Am Haus Nr. 13 erinnert eine Plakette an die letzten Monate Oscar Wildes, der hier 1900 in einem armseligen Stübchen starb, das mit dem heutigen Designhotel nichts mehr gemein hat. Die um 1800 gegründete 8 **École des Beaux-Arts** zog 1816 in das Areal eines früheren Klosters ein. Im Ehrenhof zur Rue Bonaparte sind das Studiengebäude, die vormalige Klosterkirche und etliche Partien während der Revolution zerstörter französischer Monumente zu sehen, die den Studenten auch als Anschauungsobjekte dienten. Bei den jährlichen Rundgängen und den Tagen des Kulturerbes kann man einen Blick in die Ateliers werfen.

Hof der École des Beaux-Arts

Auf der Rue Bonaparte geht's wieder nach Süden, vorbei an der Rue Jacob, wo in der früheren englischen Botschaft in Nr. 44 Benjamin Franklin den Vertrag über Amerikas Unabhängigkeit aushandelte. Am Haus Nr. 34 der Rue Bonaparte erinnert eine Plakette an Georges Wolinski, einen der bekanntesten französischen Karikaturisten, der 2015 beim Attentat auf die Satirezeitschrift Charlie Hebdo ums Leben kam.

Die Straße endet auf dem Kirchenvorplatz von Saint-Germain. An der Ecke zur Rue de l'Abbaye blicken wir im 9 **Square Laurent Prache** in die Augen von Dora Maar, die eine Zeitlang Gefährtin und Muse von Picasso war. Die 42 Kilogramm schwere, Apollinaire gewidmete Bronzebüste wurde 1999 geklaut, doch dank eines glücklichen Zufalls kam der echte Picasso 2001 wieder an seinen Platz. Vis-à-vis dem Gärtchen schauen wir zur Terrasse des Restaurants Bonaparte. Darüber im vorletzten Stock wohnte Jean-Paul Sartre von 1948 bis 1962. Mit seiner Partnerin Simone de Beauvoir traf er sich regelmäßig mit anderen Intellektuellen ein paar Meter weiter im „Triangle d'Or" der berühmten ⑩ **Literatencafés** Deux Magots, Café de Flore und Brasserie Lipp. Sie halten die Vergangenheit lebendig und loben bis heute alljährlich einen Literaturpreis aus.

Die Église ⑪ **Saint-Germain-des-Prés** geht auf eine um 550 durch König Childebert gegründete Abtei zurück, die damals noch „in den Wiesen" vor den Stadttoren lag. Der damalige Bischof von Paris, Germanus, wurde später heiliggesprochen und zum Patron bestimmt. Bischof und König wurden in der ersten Abteikirche begraben. Der Bau der romanischen Kirche begann vor rund 1000 Jahren. Davon ist noch der Portalturm als heute ältester Teil erhalten. Im 12. Jahrhundert wurden das Langhaus und der gotische Chor ergänzt. Während der Revolution wurde die Abtei aufgelöst und die Klostergebäude abgerissen. Nun Pfarrkirche, wurde sie im Geschmack des Historismus restauriert.

Les Deux Magots

Wir folgen dem Boulevard in Fahrtrichtung und spazieren entlang der Südfassade der Kirche zum **Square Félix Desruelles.** Hier überrascht ein Giebel mit einem Jugendstilportal aus Keramik, das ursprünglich auf der Weltausstellung 1900 zu sehen war. Fliesen und Skulpturen sind ein Beleg für das Können der berühmten Porzellanmanufaktur von Sèvres.

Vor dem Bistro La Rhumerie, in dem abends oft Jazz gespielt wird, biegen wir in eine schmale Gasse. An der Ecke zur Rue de l'Abbaye finden wir links einen Rest der Abtei. Der frühere Abtpalast mit der Fassade aus Ziegeln und Natursteinen wurde 1586 begonnen und unter dem Kardi-

Square Félix Desruelles

nal Fürstenberg um 1700 erweitert. Gegenüber der heutigen katholischen Hochschule schauen wir in eine Platzanlage, in der die Zeit stehengeblieben zu sein scheint. Die ⑫ **Place Furstemberg** gehörte mit ihren Stallgebäuden ebenfalls zum Abteigelände. In einem Hof zur Linken lebte Eugène Delacroix, der Maler mit „der schönsten Palette" des 19. Jahrhunderts. Sein idyllisches Atelierhaus ist heute Museum.

Place Furstemberg

Nach der stillen Oase stürzen wir uns wieder ins pralle Leben rund um die **Rue de Buci.** Wir folgen dem Knick der Straße nach Osten, vorbei an der beliebten Bar du Marché bis zur nächsten Ecke, an der oft eine Jazzcombo die Flaneure unterhält.

Weiter geradeaus in die Rue Saint-André-des-Arts spaziert, treffen wir gleich rechts auf das Pub Le Mazet. Seit Anfang der 90er-Jahre, lange bevor Bier zum Kultgetränk der Pariser BoBos wurde, gehen dort internationale Biere über die Theke. 1971, als das Mazet noch ein Bistro war, nahm Jim Morrison hier seine „Henkersmahlzeit" ein. Die Kneipe liegt am Beginn des geschichtsträchtigen ⑬ **Cour du Commerce Saint-André,** der entlang der Stadtmauer Philippe Augustes angelegt wurde. Auf der rechten Seite findet man den Hinterausgang des Procope, des ältesten Pariser Cafés, in dem traditionelle französische Gerichte auf der Speisekarte stehen. 1686 gegründet, gehörte Molières Schauspieltruppe zu den Stammgästen. 100 Jahre später trafen sich hier die „Köpfe der Revolution", bevor sie ihren Kopf auf der Guillotine verloren.

Jackpot, wenn sich das Tor zum Cour de Rohan gegenüber dem Procope öffnet und man einen Blick in die verwunschene Oase werfen kann.

In den Keller des Eckhauses rechter Hand ließ sich der Mediziner und Politiker Guillotin tote Schafe liefern. Sein Nachbar, der deutsche Cembalo-Bauer Schmidt, hatte ihm einen Apparat gebaut, der mittels Schwerkraft sekundenschnell die Köpfe der Tiere abtrennte. Die Nationalversammlung folgte alsbald

Cour du Commerce Saint-André

Saint-Sulpice

Guillotins Vorschlag, Delinquenten nicht mehr dem Zielvermögen des oft betrunkenen Henkers zu überlassen. Seitdem klebt Guillotins Name an der „Köpfmaschine", die er gar nicht erfunden hat. Schräg gegenüber in Nr. 8 druckte Jean-Paul Marat den „Ami du Peuple" – Nachrichten, die während der Revolution den Volkszorn anheizen sollten. In seinem Haus in der Rue de l'École-de-Médecine wurde er 1793 in der Badewanne ermordet, die heute im Musée Grevin zu sehen ist.

Auf dem Boulevard rechts am Denkmal für Danton – dem Justizminister und Gegenspieler Robespierres – vorbei wenden wir uns am Carrefour de l'Odéon nach Süden. Auf dem schmalen Platz erinnert seit 2021 eine Büste an Charles Aznavour. Der Chansonier wohnte als Kind nebenan in der Rue Monsieur-Le -Prince. Am Ende der 14 **Rue de l'Odéon** steht das 1782 eingeweihte Nationaltheater. Nach Bränden zweimal rekonstruiert dominiert es tempelgleich die Place de l'Odéon als erstes freistehendes Bühnengebäude in Paris. In der Nr. 7 gründete Adrienne Monnier 1915 ihre Buchhandlung, in der André Breton, Colette, André Gide und James Joyce verkehrten. 1921 bezog ihre amerikanische Freundin Sylvia Beach mit dem englischsprachigen Bookshop „Shakespeare & Company“ das Ladenlokal gegenüber in Nr. 12. Eng befreundet mit James Joyce brachte sie dessen bedeutendsten Roman „Ulysses“ heraus.

Vom Carrefour wenden wir uns nach rechts in die Rue ⑮ **Saint-Sulpice.** Die zweitgrößte Pariser Kirche wurde 1646 begonnen, wegen Geldmangels wurde sie 100 Jahre später unfertig geweiht. Der Nordturm war 1780 vollendet, beim Südturm fehlt bis heute der Bauschmuck. Im Inneren ist gleich rechts die Kapelle der Heiligen Engel zu finden. Delacroix arbeitete zwölf Jahre von früh bis spät an der Ausgestaltung, trotzdem empfand er die Anstrengung als einen Jungbrunnen. 1841 war Heinrich Heine hier mit seiner Mathilde vor den Altar getreten, um sie wegen einer Duellforderung abgesichert zu wissen.

Danton-Denkmal

3 SAINT-GERMAIN-DES-PRÉS

Orangerie im Jardin du Luxembourg

Dan Brown machte Saint-Sulpice in „Sakrileg“ zum Schauplatz eines Mordes, verübt im Schatten des auf die Mittagslinie ausgerichteten Obelisken.

Vom Vorplatz mit dem Brunnen der Vier Bischöfe begeben wir uns nach links in die Rue Férou. Rechts auf der Mauer ist ein Ausschnitt des „Trunkenen Schiffs“ zu lesen – sein bekanntestes Gedicht hatte Arthur Rimbaud schon als Teenager geschrieben. Die schmale Gasse führt uns geradewegs zum Musée du Luxembourg, eingerichtet in der Orangerie des heutigen Senats. Wer nicht bei Angélina „Chocolat Chaud“ löffeln möchte, schlüpft ein paar Meter weiter in den 16 **Jardin du Luxembourg.** Vor rund 400 Jahren ließ Königin Maria von Medici das Palais und den größten Garten der Hauptstadt als Erinnerung an den Palazzo Pitti und die Boboligärten in ihrer florentinischen Heimat anlegen. Heute trifft man Jogger und Tennisspieler, während Müßiggänger auf einem der grünen Stühle in die Sonne blinzeln. Am Wochenende versammeln sich Familien rund um das Bassin, wo die Kleinen mit Gerten eifrig bunte Holzschiffe über die Wasserfläche treiben. Liebespaare zieht es derweil zum romantischen Medici-Brunnen. Von dort ist es nur noch ein Katzensprung zum Gartenportal mit Blick auf das Panthéon, wo der Eingang der RER zu finden ist.

Palais du Luxembourg

4

START: Place de la Concorde, 75008 Paris
ZIEL: Metrostation Dupleix
LÄNGE: ca. 8 Kilometer
DAUER: ca. 3–3,5 Stunden
ÖPNV: Metrostation Concorde; am Ziel: Metrostation Dupleix
PARKEN: Parking Indigo Place de La Concorde, 3608, Place de la Concorde, 75008 Paris

UNTERWEGS ENTDECKT

1. Place de la Concorde
2. Musée d'Orsay
3. Assemblée Nationale
4. Pont Alexandre III
5. Grand und Petit Palais
6. Palais Découverte
7. Avenue Montaigne
8. Place d'Alma
9. Pont d'Alma
10. Musée du Quai Branly
11. Palais de Tokyo
12. Musée Guimet
13. Palais de Chaillot
14. Jardin du Trocadéro
15. Eiffelturm
16. Marsfeld

ESSEN + TRINKEN

Café 1902, Avenue Winston-Churchill, 75008 Paris, Tel. +33 (1) 40 07 11 41, petitpalais.paris.fr
(Traumhafte Kulisse und perfekt für eine Pause im Grünen!)

Les petites mains, Avenue du Président Wilson, 75016 Paris, Tel. +33 (1) 86 95 10 60, lespetitesmains.paris
(Eine reizende Sonnenterrasse mit Blick auf den Eiffelturm offeriert das Gartenrestaurant des Palais Galliera, Reservierung empfohlen.)

AM UFER DER SEINE

Wo die Welt zu Gast war

Nachdem 1851 die erste Weltausstellung in London stattgefunden hatte, sorgte Kaiser Napoleon III. für eine Revanche an der Seine. Bis 1900 traf sich die Welt dann alle 11–12 Jahre im Pariser Westen, um das Neueste aus Industrie und Kunst zu sehen. 1937 fand dann noch eine sechste und letzte große Leistungsschau an der Seine statt. Die meisten Ausstellungsbauten waren nicht für die Ewigkeit geplant, doch Eiffels Eingangsportal zur Expo 1889 ist als Wahrzeichen von Paris heute nicht mehr wegzudenken.

In die Geschichte der Weltausstellungen tauchen wir am größten Platz der Stadt, der 1 **Place de la Concorde,** ein. Hofarchitekt Jacques-Ange Gabriel plante ihn 1755 für Ludwig XV. als königlichen Platz und errichtete das heutige Luxushotel Crillon und das Hôtel de la Marine. Bei der ersten Pariser Weltausstellung 1855 empfing eine langgestreckte Maschinenhalle die Schaulustigen an der Seine zwischen Concorde-Platz und Place d'Alma. Bei der gigantischsten internationalen Leistungsschau 1900 strömten die Besucher durch ein 45 Meter hohes Portal zu Füßen der Concorde-Brücke auf das Hauptmessegelände im Pariser Westen. Die Brücke wurde aus Steinen der Bastille-Festung gebaut – die Pariser können so den verhassten Bau mit Füßen treten.

In den Tuilerien wurden ab 1564 Tuiles, Ziegel, für das Schloss Katharina de Medicis gebrannt, das bis 1871 den Louvre-Hof nach Westen abschloss.

Nach einem Schlenker durch den Garten der Tuilerien spazieren wir ans andere Ufer zum 2 **Musée d'Orsay.** Das Museum für die Kunst des 19. Jahrhunderts wurde 1986 im früheren Orsay-Bahnhof eröffnet, der wie die Gare de Lyon und Gare des Invalides zur Expo 1900 in Betrieb ging. Bereits in den 1930er-Jahren war der Bahnhof für moderne Züge zu klein. Als 1973 auch noch das Grand Hotel die Pforten schloss, wurde der neobarocke Bau zum Spielball von Investoren. Präsident Giscard d'Estaing stoppte in letzter

Place de la Concorde

Sekunde den Abriss und Architektin Gae Aulenti verwandelte den Bahnhof in ein Museum. Die Initialen P & O verweisen noch auf die Bahngesellschaft Paris-Orléans. Auf dem Vorplatz sind Bronzefiguren aufgestellt, die für die Weltausstellung 1878 entstanden. Die sechs Frauengestalten, die die Erdteile symbolisieren, sowie Nashorn, Elefant und Pferd standen bis 1935 am Trocadéro-Palast. Nach dessen Abriss wanderten die Skulpturen zunächst auf den Müllplatz der Geschichte und bekamen erst nach 50 Jahren hier wieder eine würdevolle Kulisse.

Vorbei am gegenüberliegenden Museum der Ehrenlegion und der Charles-de-Gaulle-Stiftung in der Rue de Solférino führt der Weg auf der Rue de la Université mitten durch das Regierungsviertel im Faubourg Saint-Germain. Direkt nebeneinander liegen die Gartenportale der 3 **Assemblée Nationale,** des französischen Parlaments im Palais Bourbon, sowie der Dienstsitz des Präsidenten der Nationalversammlung im Hôtel de Lassay. In dem um 1720 errichteten Palais Bourbon fanden ab 1798 die Sitzungen des französischen Unterhauses statt, dem Na-

Musée d'Orsay

poleon noch den markanten Säulenportikus an der Seine spendierte. An die beiden Gebäude der Abgeordnetenkammer schließt sich der Komplex des Außenministeriums an, das nach seiner Adresse nur „Quai d'Orsay" genannt wird. Es grenzt an die Esplanade des Invalides, die erstmals 1889 Besucher einer Weltausstellung empfing. Eine Hauptrolle spielte die Fläche bei der größten Expo 1900, die fast 50 Millionen Gäste begrüßte. Nebenan errichtete Juste Lisch die **Gare des Invalides** für die Chemins de Fer de l'Ouest wie eine Orangerie. Seit der Erweiterung des Montparnasse-Bahnhofs halten an der Esplanade keine Fernzüge mehr. Heute nur noch RER-Station diente der Bahnhof bis 2022 als City-Terminal von Air France. Bis 2028 entsteht hier ein Museum für den Bildhauer Alberto Giacometti.

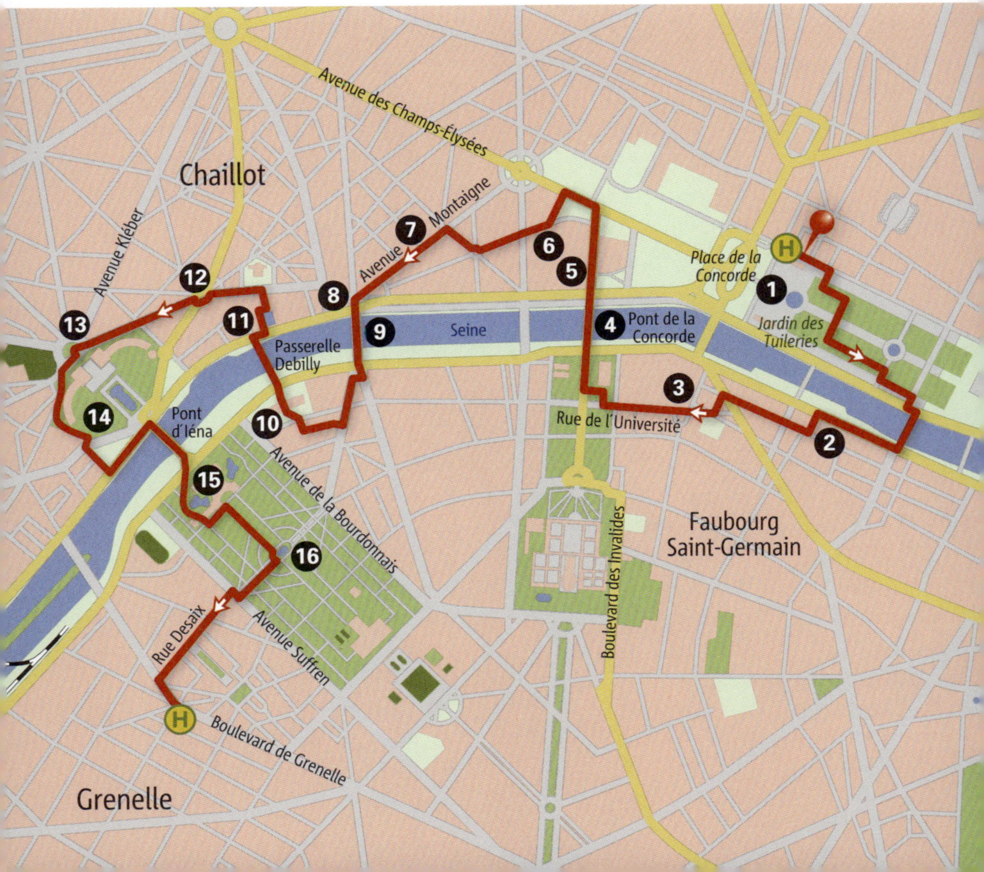

Invalidendom

Den Invalidendom im Rücken erreichen wir die schönste Brücke von Paris, den 4 **Pont Alexandre III.** Seit der Einweihung 1900 überspannt er mit einem einzigen eleganten Bogen ohne Zwischenpfeiler die Seine. Als Widerlager dienen die Pylone an den Brückenköpfen mit den Figuren für Kampf und Krieg, Wissenschaft und Kultur. Mit den Personifikationen von Paris und Sankt Petersburg und von Seine und Newa galt die Brücke als Symbol der russisch-französischen Allianz. Den Grundstein für das neobarocke Bauwerk legte Zar Nikolaus II., sein Vater stand für den Namen Pate. Besonders romantisch ist die Alexander-Brücke, wenn sie nachts durch die 322 Bronzekandelaber in warmes Licht gehüllt wird.

Der barocke Invalidendom ist eines der Hauptwerke von Jules Hardouin-Mansart für den Sonnenkönig. In der Gruft unter der Kuppel ruhen heute aber die Gebeine Napoléons.

Ebenfalls neobarock sind die beiden noch erhaltenen Ausstellungshallen von 1900 an der Avenue Winston Churchill, das 5 **Grand und das Petit Palais.** An ihrer Stelle stand bereits das Palais d'Industrie der ersten Weltausstellung 1855, das erst 1897 den neuen Bauten weichen musste. Dafür wurden Museen, Depots und sogar eine Polizei- und Feuerwache umgesiedelt, die zwischenzeitlich in dem 200 Meter langen Trakt eine Bleibe gefunden hatten. Hauptarchitekt des **Grand Palais** war Henri Deglane, der

Pont Alexandre III.

4 AM UFER DER SEINE

Grand Palais

Garten des Petit Palais

„Bouquet of Tulips“ von Jeff Koons, Petit Palais

das ehemals größte Glasdach der Welt über eine 9000 Tonnen schwere Stahlkonstruktion spannte. Zur Weltausstellung 1900 stellte der Physiker Branly hier drahtlose elektrische Wellen vor, ohne die die heutige Kommunikation nicht denkbar wäre. Das Palais – von vornherein für eine Nutzung über die Ausstellung hinaus geplant – musste 1993 wegen erheblicher Schäden geschlossen werden. Erst 2005 öffnete es wieder für Messen, Modenschauen und Ausstellungen seine Pforten. Neuerlich restauriert, wurden 2024 unter dem Glasdach olympische Medaillen vergeben. Seitdem strömen wieder Besucher zu den großen Kunstschauen, unter anderem kuratiert vom Centre Pompidou, das bis 2030 generalüberholt wird.

In das gegenüberliegende Petit Palais von Charles Girault, der auch die Gesamtkonzeption der beiden Bauten verantwortete, zog 1902 die städtische Kunstsammlung. Die Werke der Kollektion aus 15 Jahrhunderten können kostenlos besichtigt werden. 1925 waren die beiden Palais auch Hauptschauplatz einer „Kleinen Weltausstellung" für die Arts Décoratifs, die dem Art-déco-Stil den Namen gab.

Rechts der Avenue Marigny kann man durch den Zaun des Élysée-Palastes linsen, der zuvor Madame de Pompadour gehörte.

Auf der gegenüberliegenden Seite der **Champs-Élysées** steht das Marigny-Theater, das auf den Mauern eines Panoramas von Charles Garnier errichtet wurde.

Wir spazieren zur Rückseite des Grand Palais und passieren dabei das **Théâtre du Rond Point** von Gabriel Davioud. Der Bau wurde direkt nach der ersten Weltausstellung 1855 als Nationalpanorama eröffnet. Mit dem Siegeszug des Kinos wurde er erst zur Eisbahn und 1981 zum Theater umfunktioniert.

Der westliche Teil des Grand Palais wurde für die Expo 1937 zum 6 **Palais Découverte** umgebaut. Dafür konzipierte der Physiknobelpreisträger Jean Perrin eine Ausstellung mit Exponaten der Physik, Chemie und Astronomie sowie zu Genetik und Mikrobiologie. Sie war der Grundstock des beliebten Wissenschaftsmuseums. Gegenüber befindet sich die deutsche Botschaft, der Botschafter residiert jedoch im Hôtel de Beauharnais an der Rue de Lille.

4 AM UFER DER SEINE

Place d'Alma, Flamme der Freiheitsstatue

Über die Rue Jean Goujon und François 1er gelangen wir zur 2022 eröffneten Dior-Galerie, dem opulenten Museum des Modehauses im Triangle d'Or der Haute Couture. Neben der Rue Faubourg Saint-Honoré ist die 7 **Avenue Montaigne** bekannt für die Showrooms der großen Couturiers. Auf Höhe des Hotels Plaza Athénée und des Théâtre des Champs-Élysées errichtete Hector Lefuel 1855 einen Neorenaissance-Palast für die Präsentation der Kunst bei der ersten Pariser Weltausstellung. Dort fand der junge Bildhauer Eugène Bartholdi erstmals ein großes Publikum. Gustave Courbet ließ nebenan einen privaten Pavillon bauen, weil nur elf seiner Gemälde für den Kunstpalast akzeptiert wurden. In seinem „Pavillon du réalisme" zeigte er 40 weitere große Leinwände, darunter die „Beerdigung von Ornans" und „das Atelier des Malers", heute Hauptwerke des Musee d'Orsay.

Bis zu ihrem Tod 1992 wohnte Marlene Dietrich in einem Appartement in der Avenue Montaigne Nr. 12, im Plaza Athénée ging Mata Hari auf Kundenfang.

Nach den Plänen von Henry van de Velde bauten die Brüder Auguste und Gustave Perret das Théâtre des Champs-Élysées. Den ersten Bühnenbau aus Stahlbeton schmücken Reliefs des Rodinschülers Antoine Bourdelle. Kurz nach der Eröffnung 1913 löste die Uraufführung von Strawinskys Ballett „Le Sacre du Printemps" einen Riesenskandal aus – wegen der dissonanten Musik und der entfesselten Choreographie des russischen Startänzers Vaslaw Nijinsky. 1925 riss hier Josephine Baker bei ihrem ersten Auftritt im Bananenröckchen das Publikum von seinen Sitzen. Heute ist das Haus die Hauptspielstätte des französischen Nationalorchesters, das fünf Jahre vom früheren Gewandhausmeister Kurt Masur geleitet wurde.

1900 ließ Auguste Rodin ebenfalls einen privaten Kunstsalon an der Ecke zur 8 **Place d'Alma** bauen. Mit 60 Jahren auf dem Zenit seiner Karriere stellte er mit 168 Skulpturen die ganze Spannweite seines Könnens aus. Davon kann man sich heute im Musée Rodin überzeugen. Am westlichen Rand des Platzes finden wir dagegen ein Werk von Eugène Bartholdi, die vergoldete Flamme der Freiheitsstatue in Originalgröße. Vor dem ursprünglichen Erinnerungsort der Resistance liegen die Blumen heute für Lady Diana, die im Tunnel unter dem Platz verunglückte. Der Kopf der Freiheitsstatue war 1878 eine der Hauptattraktionen auf dem Marsfeld. Das privat finanzierte Monument war als Geschenk für New York zum 100. Jubiläum der amerikanischen Unabhängigkeitserklärung 1876 geplant, doch das gigantische Projekt von Bartholdi und Eiffel wurde erst zehn Jahre später fertig.

Den 9 **Pont d'Alma** ließ Napoelon III. zur ersten Weltausstellung 1855 errichten, benannt nach seinem ersten Sieg im Krimkrieg ein Jahr zuvor. An den Pylonen der historischen Brücke standen Soldatenfiguren von vier beteiligten Bataillonen. Bei der Erneuerung der Brücke 1970 blieb lediglich der Zuave aus dem Algerienbataillon erhalten. Beim

Eingang Musée des Égouts

Vertikaler Garten, Quai Branly

Jahrhunderthochwasser 1910 ging ihm das Wasser bis zum Hals, seitdem gilt er als inoffizieller Seinepegel. Heutzutage versinkt er meist nur noch bis zu den Knien, da die Skulptur jetzt höher steht. Links der Brücke starten die Bateaux Mouches auf ihre einstündige Rundfahrt. Die ersten Schiffe cruisten zur Expo 1867 über die Seine.

Am gegenüberliegenden Brückenkopf kann man im **Musée des Égouts** in die Kanalisation absteigen. Gegenüber an der Avenue Rapp wurde 2016 die neue orthodoxe Trinité-Kathedrale nach einem Entwurf von Jean-Michel Wilmotte eingeweiht, in Paris „Saint-Vladimir" getauft. Nach einem Schlenker zu Jules Lavirottes wollüstiger Jugendstilfassade bei Nr. 29 geht's ein Stück zurück – vorbei an der Rue de Monttessuy mit einem schönen Blick auf den Eiffelturm – bis zur Avenue Franco Russo. Sie bringt uns zur grünen Oase des **10** **Musée du Quai Branly,** dessen Liegestühle auch Nichtmuseumsbesucher zu einem Nickerchen in der Mittagssonne verführen. Das Museum für die nicht-

Palais Galliera

Musée Guimet

westliche Kunst wurde 2006 unter der Ägide von Präsident Chirac in einem Bau von Stararchitekt Jean Nouvel eröffnet. Auf der Seineseite versetzt die Fassade mit dem vertikalen Garten von Patrick Blanc sommers wie winters die Passanten in Staunen.

Über die Passerelle Debilly erreichen wir das neoklassizistische ⑪ **Palais de Tokyo,** das für die Weltausstellung 1937 als Pavillon der modernen Kunst errichtet wurde. Bis heute ist es ein Ort der Avantgarde. Im Ostflügel ist die Sammlung des Musée d'Art Moderne de Paris untergebracht, die kostenlos besucht werden kann. Dort ist „La Fée Électricité" zu sehen, das größte Kunstwerk von Paris, mit dem Raoul Dufy 1937 den technischen Fortschritt feierte. Der Westflügel gehört dem Staat, der die Ausstellungsflächen für zeitgenössische Kunst und Performances nutzt.

Gegenüber dem Haupteingang des Palais de Tokyo befindet sich das **Palais Galliera.** Das Neorenaissance-Schlösschen von 1894 beherbergt die 90.000 Gewänder des Modemuseums, das vis-à-vis des Eiffelturms oft Kulisse für Modeshootings ist. Hügelaufwärts erwartet uns an der nächsten Kreuzung das ⑫ **Musée Guimet.** Seit 1889 besitzt es die größte Sammlung asiatischer Kunst außerhalb Asiens. Im Sommer lohnt auch der Blick von der begrünten Dachterrasse.

Palais de Chaillot

Nun geht es noch 500 Meter die Avenue Wilson bis zur Anhöhe von Chaillot hinauf, wo Gabriel Davioud das Palais de Trocadéro für die Weltausstellung 1878 baute. Nach der Niederlage im Deutsch-Französischen Krieg inszenierte sich die neue Republik dort wieder als Grande Nation. Das 1871 gerade erst in Versailles proklamierte deutsche Kaiserreich schickte jedoch keine Exponate nach Paris. Für die Ausstellung 1937 gestaltete Jacques Carlu den Hügel um. Er verlängerte die Seitenflügel des alten Baus und integrierte sie in sein neoklassizistisches 13 **Palais de Chaillot.** Der Zentralbau mit Kuppel und Minaretten musste weichen. Dort ist heute eine Terrasse, die das Dach des Théatre de Chaillot bildet. Flankiert von den goldenen Statuen ist sie die perfekte Kulisse für ein Eiffelturm-Foto in der Nachmittagssonne. In den Flügelbauten sind die Cité de l'Architecture sowie die Museen für Völkerkunde und Marine untergebracht.

Seit 1867 kann man auch im 14 **Jardin du Trocadéro** in einem früheren Steinbruch ins Meer „abtauchen“. Bei der

Weltausstellung 1878 war das Aquarium eine der Hauptattraktionen und inspirierte Jules Verne zu „20.000 Meilen unter dem Meer“. Für die Expo 1937 wurde es sogar zum größten Aquarium der Welt erweitert. Im gleichen Jahr wurde die große Fontaine installiert, deren Kanonen zur vollen Stunde 5700 Liter Wasser pro Sekunde 50 Meter weit gen Eiffelturm katapultieren.

Über die Iéna-Brücke laufen wir dem 15 **Eiffelturm** in die Arme. Alle sieben Jahre wird das Pariser Wahrzeichen neu gestrichen. Aktuell bekommt die mittlerweile 330 Meter messende eiserne Lady ein neues Kleid – wie vor rund 100 Jahren jetzt wieder ockergelb.

Unweit des Trocadéro-Gartens findet man an der Avenue de Camoëns die „romantischste Treppe“ von Paris, von oben mit Blick zum Eiffelturm.

Wie die Besucher der Weltausstellungen folgen wir dem Strom zum 16 **Marsfeld,** eine 400 Meter lange, bunt bevölkerte Wiese zwischen Eiffelturm und Militärakademie. Vor über 250 Jahren als Exerzierplatz

Aquarium-Eingang im Trocadéro-Garten

Camoëns-Treppe

Blick vom Palais de Chaillot zum Eiffelturm

DER HÖCHSTE TURM DER WELT

Gustave Eiffels Büro setzte sich gegen 106 Konkurrenten im Wettbewerb um das Eingangstor der Weltausstellung 1889 durch. Zwei Jahre lang sahen die teils entsetzten Pariser die ursprünglich rote Eisenkonstruktion auf 1000 Fuß anwachsen – es wurden sogar Unterschriften für den Abriss gesammelt.

Bei den Baukosten legte Eiffel mit 8 Millionen Francs eine Punktlandung hin. Mangels Interesses der Stadt vermarktete der Ingenieur den Turm auf eigene Rechnung. Die Kosten hatten sich bereits nach der Weltausstellung amortisiert und Eiffel wurde Millionär. Da die Fahrstühle erst später eingebaut wurden, mussten die Expo-Besucher die 276 Meter bis zur dritten Etage hinaufschnaufen. Eiffel stieg fast täglich die 1585 Stufen zu seinem Büro empor. Heute kann man das Fitnessprogramm mit Aussicht noch bis zur zweiten Etage absolvieren.

angelegt fanden in den Revolutionsjahren hier die Feste der jungen Republik statt. Zum 100. Jubiläum der Revolution 1889 diente das Marsfeld als Herz des Ausstellungsgeländes. Bereits 1867 fand auf dem Areal eine Weltausstellung statt, die den Höhepunkt des damals florierenden Zweiten Kaiserreichs markierte. Gustave Eiffel war auch dort schon beteiligt und steuerte die Maschinenhalle bei. Heute wird die Rasenfläche oft für Musik- und Sportevents genutzt und diente 2024 als eine der Hauptstätten für die Olympischen und Paralympischen Spiele. Für die Pariser ist das Marsfeld ein beliebter Treff für ein Picknick, eine Partie Fußball und um den Vierbeiner auszuführen, während die Touristen fürs Selfie vor dem Eiffelturm posieren. Und, das perfekte Foto schon im Kasten?

Marsfeld, Monument des Droits de l'Homme

5

START: Ausgang Musée Grevin der Metrostation Grand Boulevard, 4, Boulevard Montmartre, 75009 Paris
ZIEL: Metrostation Châtelet-Les Halles
LÄNGE: ca. 4,5 Kilometer
DAUER: ca. 2 Stunden
ÖPNV: Metrostation Grand Boulevard; am Ziel: Metrostation Châtelet-Les Halles, Eingang vis-à-vis Saint Eustache
PARKEN: keine Parkmöglichkeit, bitte mit der Metro anreisen

UNTERWEGS ENTDECKT

1. Cité Bergère
2. Passage Jouffroy
3. Passage des Panoramas
4. Börse
5. Nationalbibliothek
6. Square Louvois
7. Passage Choiseul
8. Théâtre des Bouffes-Parisiens
9. Galerie Colbert
10. Galerie Vivienne
11. Notre-Dame-des-Victoires
12. Place des Victoires
13. Garten des Palais Royal
14. Comédie-Française
15. Galerie Véro-Dodat
16. Bourse de Commerce
17. Saint-Eustache

ESSEN + TRINKEN

Rose Bakery, 5 Rue Vivienne, 75002 Paris, Tel. +33 (1) 40 36 01 25, rosebakery.fr/tea-room-bnf-richelieu
(Ein perfekter Platz für eine Rast ist der neue Garten der Bibliothèque Nationale, in dem man sich, aus dem Selbstbedienungscafé versorgt, einen Platz an der Sonne suchen kann.)
Le Café de L'Époque, 2 Rue du Bouloi, 75001 Paris, Tel. +33 (1) 73 71 61 02, cafedelepoque.fr
(Wo Gérard de Nerval einst Stammgast war, ist man heute vom Frühstück bis zum Absacker in historischem Ambiente willkommen.)

PASSAGEN

Spaziergang unter Glas

Regenwetter in Paris? Kein Drama! Das ist die beste Zeit für einen Bummel durch die Passagen. In der ersten Hälfte des 19. Jahrhunderts schossen die glasgedeckten Ladenstraßen wie Pilze aus dem Boden, häufig in der Nähe eines Theaters. Doch bereits ab 1850 fielen die meisten der einst rund 100 Galerien dem Siegeszug der Kaufhäuser und dem Stadtumbau von Haussmann zum Opfer. Etwa 20 Passagen sind heute noch erhalten, die hauptsächlich im 2. Arrondissement zu finden sind. Daher wird jetzt der Regenschirm zum Spazierstock umfunktioniert und dann geht's los durch das Sentierviertel.

Vom Ausgang der Metro biegen wir als Erstes in die Rue du Faubourg Montmartre ein. Links in einem Hof versteckt sich das Restaurant Chartier. Die frühere Arbeiterkantine ist berühmt für ihre Belle-Époque-Ausstattung, wieselnde Kellner und günstige Preise. Direkt gegenüber werfen wir einen Blick in die ❶ **Cité Bergère,** 1827 als nicht überdachte Passage in neoklassizistischem Stil angelegt. Heinrich Heine bezog 1836 in Nr. 3 erstmals eine Wohnung in seinem Lieblingsviertel.

Eingang der Passage Verdeau

An der nächsten Ecke links abgebogen warten zwei zusammengehörende Passagen auf uns. Die nördliche **Passage Verdeau** wurde etwas ab vom Schuss 1846 eröffnet. Als 1852 das Auktionshaus Drouot in die Nachbarschaft zog, liefen die Geschäfte für Besitzer Verdeau besser. Bis heute dreht sich hier immer noch alles um Kunst und Antiquitäten. Ein glücklicheres Händchen bewies Verdeau mit der gegenüberliegenden ❷ **Passage Jouffroy.** Weil sie 1854 über drei Parzellen hinweg gebaut

Hôtel Chopin in der Passage Jouffroy

wurde, hat sie einen Grundriss wie ein Bajonett. Am Knick befindet sich das Hôtel Chopin, eine Institution der ersten Stunde. Seinen Namen bekam es wegen der Legende, dass Chopin hier das erste Mal seiner Muse George Sand begegnet sein soll. In die Räume eines kleinen Theaters nebenan zog 1882 das Musée Grévin ein. Angelockt wurden die Flaneure nicht nur von den Wachsfiguren, sondern auch von der ersten Fußbodenheizung, die bis heute funktioniert.

Es heißt, in der Passage Jouffroy geht jeder rückwärts wegen des faszinierenden Krimskrams, Spazierstöcken und alten Büchern in den Schaufenstern.

Am Haupteingang der Passage schnell über den Boulevard Montmartre gehuscht stehen wir schon wieder unter Glas – in der ❸ **Passage des Panoramas** von 1799. Nach der Passage du Caire ist sie die zweitälteste noch existie-

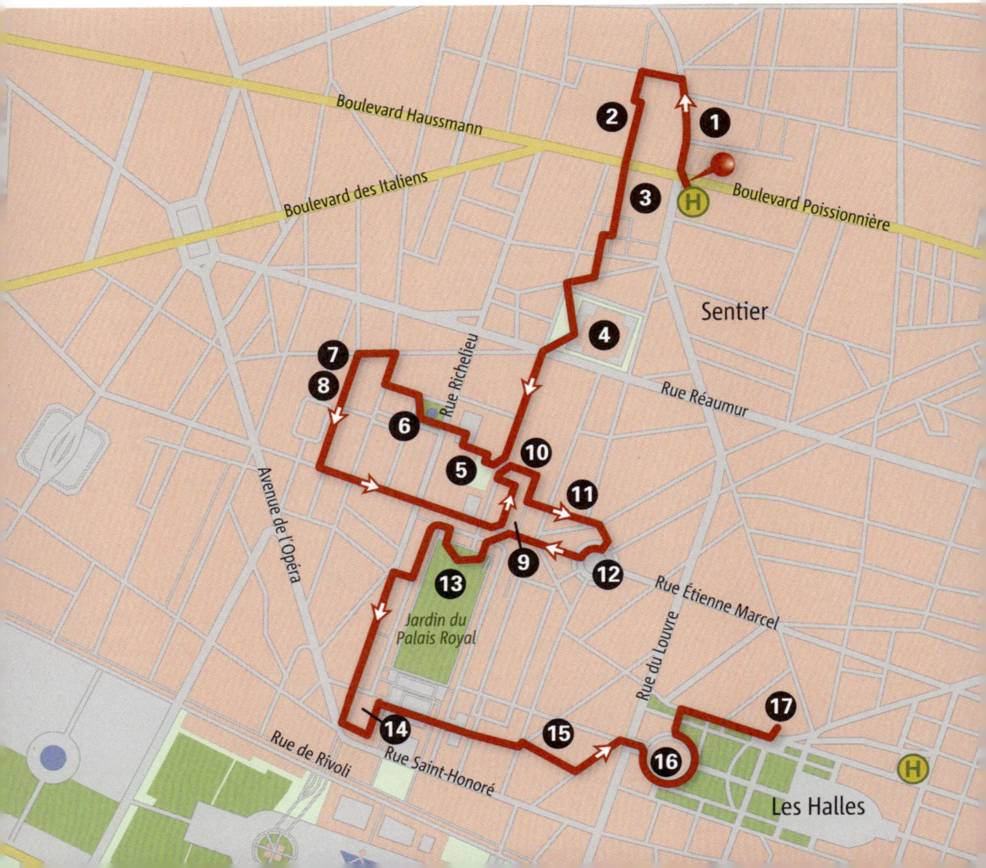

Markt vor der Börse

Garten der Bibliothèque nationale

rende Galerie. Hier am Boulevard standen zwei Rundbauten, wo für kleines Geld die Pyramiden oder das antike Rom bestaunt werden konnten. Die Panoramen wurden 1831 abgerissen, der Name aber blieb. Im gleichen Jahr zog Heinrich Heine nach Paris. Seine ersten Schritte führten ihn in diese Passage, wo er sich mit eingerostetem Französisch im Flirten übte – vielleicht im Schein der ersten, 1817 installierten Gaslaternen. Zola und Balsac haben der Galerie mit ihren historischen Ladeneinrichtungen ebenfalls ein literarisches Denkmal gesetzt.

Über die Rue Saint Marc und die Rue Vivienne gelangen wir zum Palais Brongniart, benannt nach seinem Architekten. Napoléon beauftragte ihn 1808 mit dem Bau der 4 **Börse** an der Stelle eines früheren Klosters. Typisch für das Erste Kaiserreich ist der Rückgriff auf die antike Architektur mit den korinthischen Säulen. Auf dem Parkett wird bereits seit 1988 nicht mehr gehandelt. Seitdem finden in den großen Sälen Aktionärsversammlungen, Pressekonferenzen und Kongresse statt.

Über die Rue Vivienne gelangen wir zum historischen Sitz der 5 **Nationalbibliothek.** Im September 2022 öffnete die „Site Richelieu" nach zwölf Jahren Umbau zusammen mit dem neuen Bibliotheksmuseum wieder ihre Pforten. Erstmals sind die beiden schönsten Lesesäle der Stadt nicht nur Forschern zugänglich. Das Erdgeschoss mit Shop und Café sowie der Blick in die beiden Säle Labrouste und Ovale stehen allen Besuchern offen. Für Ausstellungen und das Museum mit seinen Archivalien braucht man ein Ticket. Damit kommt man auch ins Hôtel Tubeuf an der Südseite, das Kardinal Mazarin 1649 für seine Kunstsammlung erworben hatte.

In der Salle Ovale kann man ohne Leseausweis in 20.000 Bänden, darunter Literatur zur Geschichte von Paris, schmökern.

Wir verlassen die Bibliothek über den Ehrenhof und werden von einer kleinen Oase empfangen. Am 6 **Square Louvois** ließ sich der Bau- und Kriegsminister Ludwigs XIV. um 1650 ein Palais bauen. Rund 200 Jahre später entstand dort der kleine Garten nach den Plänen von Gabriel Davioud, Louis Visconti steuerte den Brunnen mit den Personifikationen der Hauptflüsse Frankreichs bei.

Square Louvois

Am anderen Ende des Platzes geht's nach rechts, wo wir nach zwei Ecken die Rue Saint-Augustin erreichen. Nach wenigen Schritten treffen wir links auf die 190 Meter lange ⑦ **Passage Choiseul.** Wenn die Galerie von 1827 am Wochenende geschlossen ist, können wir das Areal auf der Rue Monsigny umrunden. Dort befindet sich ein zeitgleich mit der Galerie entstandenes **Theater,** dessen Hinterausgang in der Passage mündet. Jacques Offenbach machte es 1855 zu seinem berühmten Operettenhaus ⑧ **Bouffes-Parisiens,** wo heute aber Komödien auf dem Spielplan stehen.

Der Seitenausgang der Passage führt zur Rue Dalayrac mit der massigen Fassade der Salle Ventadour. 1829 als Oper genutzt, fristet der Bau seit 1882 ein tristes Dasein als Nebenstelle der französischen Nationalbank – an ausgelassene Theaterabende ist nicht mehr zu denken. Die Passage Choiseul hat dagegen ihren Charakter bewahrt, ein Grund für Léo Malet, hier die Detektei seiner Krimifigur Nestor Burma anzusiedeln. Über den Haupteingang der Passage geht

Passage Choiseul

Salle Ventadour

es nach links in die Rue des Petits Champs. Das barocke **Hôtel Lully** an der nächsten rechten Ecke ließ sich der Hofkomponist Ludwig XIV. errichten. Er schrieb Ballette für den jungen König, der die Hauptpartien selbst tanzte.

Galerie Vivienne

Die Straße führt uns zurück zur Bibliothèque Nationale. An der Rue Vivienne liegen ihr gleich zwei Passagen gegenüber. Die **9 Galerie Colbert** erinnert an den früheren Besitzer, den Finanzminister des Sonnenkönigs. Die Fassade von Hofarchitekt Le Vau wurde 1826 in den Galeriebau integriert. Die zwischenzeitlich verwahrloste Passage wurde von der Nationalbibliothek gekauft und nach 1960 vereinfacht wiederaufgebaut und zum Bibliotheksdepot umfunktioniert. Außer zu Vorträgen im Untergeschoss verirren sich heute kaum noch Besucher in die einst so mondäne Passage mit ihrer 17 Meter breiten Rotunde. Wesentlich besser hat es ihre Konkurrentin nebenan getroffen, die heute im Besitz des Institut de France und seiner Akademien ist. François Jean Delannoy hatte die **10 Galerie Vivienne** ab 1823 errichtet und mit Füllhörnern, Lorbeerkränzen und einem Palmfries dekoriert. Mit ihrer vom antiken Pompeji inspirierten Gestaltung und den ausgesuchten Geschäften gilt sie als schönste Passage der Stadt.

Das Personal des Edelitalieners Daroco serviert in Matrosenshirts als Reminiszenz an Jean-Paul Gaultier, der hier 1986 seine erste Boutique eröffnete.

Über den Ausgang zur Rue de la Banque verschwinden wir in die kleine Gasse gegenüber und stehen sogleich vor der klassischen Fassade von **11 Notre-Dame-des-Victoires.** Ludwig XIII. legte 1629 den Grundstein der früheren Augustinerkirche, vollendet wurde sie erst ein Jahrhundert später. Im Inneren ist die Kirche mit unzähligen Votivtafeln aus mehreren Jahrhunderten übersät. Den Anfang machte das Gelübde des Königs, nach einem Sieg über die Protestanten Frankreich der Jungfrau zu weihen, dargestellt im Hauptgemälde des Chores. Links des

Notre-Dame-des-Victoires

Kirchenschiffs befindet sich ein Schaugrab von Lully. Aus Wut über den König, der sich Molière zuwandte, hatte sich der Hofmusiker mit seinem mannshohen Taktstock „erdirigiert".

Mit einem Éclair auf die Hand aus der Boulangerie im Belle-Époque-Dekor gegenüber geht's links daneben durch die kleine Gasse auf die ⑫ **Place des Victoires.** Mit der fixen Idee, nach dem Frieden von Nimwegen ein Denkmal für Ludwig XIV. zu stiften und dafür 1685 einen neuen Königsplatz anzulegen, hatte sich der Maréchal de la Feuillade gründlich ruiniert. Heute sind die einheitlichen Fassaden von Jules Hardouin-Mansart nur noch teilweise erhalten. Das Reiterdenkmal des Königs wurde nach dem „Sturm der Revolution" ersetzt.

Nach rechts geht es zurück zur Galerie Vivienne. Ihr liegt die kleinste Passage von Paris gegenüber. Die Passage des Deux Pavillons bringt uns zur Rue Beaujolais – sonntags muss der Umweg über die Rue Vivienne genommen werden – dann erwartet uns hinter dem Säulengang der

Place des Victoires

Garten Palais Royal

⑬ **Garten des Palais Royal.** 1634 hatte Richelieu im südöstlichen Teil sein Palais Cardinal errichten lassen. Nach Richelieus Tod im Besitz der Krone wurde es zunächst zur Kinderstube Ludwig XIV. Der überließ das Anwesen seinem Bruder Philippe von Orléans. Dessen Ururenkel, der spätere Philippe Égalité, ließ 1784 Victor Louis drei Wohngalerien anlegen. Vorbild für deren Arkadengänge ist der Markusplatz in Venedig. Eine vierte Galerie, die heute den Garten vom Ehrenhof trennt, war zunächst nur ein Holzprovisorium. Mit ihrem Glasdach galt sie jedoch als Prototyp aller folgenden Passagen. Wir verlassen das charmante Geviert nach Nordwesten beim „Grand Véfour". Links um die Ecke entdecken wir das Théâtre du Palais-Royal, das ebenfalls 1784 errichtet wurde. Die eisernen Feuertreppen wurden erst nach dem Brand der Opéra Comique 1887 nachgerüstet. Über die kleine Passage de Beaujolais steigen wir zur Rue de Richelieu hinauf. Nach links Richtung Louvre finden wir bei Nr. 40 die letzte Adresse von Molière, der gegenüber an einer Hauswand auf uns herunterschaut.

An ihrem Ende öffnet sich die Straße auf die pulsierende Place André Malraux mit der ⑭ **Comédie-Française.** Nach dem Tod des Hofkomödianten fusionierte der Sonnenkönig das Ensemble Molières und eine weitere Truppe und hob 1681 das spätere Nationaltheater aus der Taufe. 1799 zog die Institution in den Bau von Victor Louis, der jedoch nach einem Brand rekonstruiert werden musste. Obwohl Molière hier selbst nicht mehr spielte, wird sein Sessel im Foyer wie eine Reliquie verehrt.

Die Avenue de l'Opéra führt zur Opéra Garnier von 1875. Legendär sind ihr Spiegelsaal, Chagalls Deckengemälde und das Grundwasserbecken als Fundament, „Heimat" des Phantoms.

Vor dem Haupteingang der Comédie-Française an der Place Colette werden Tangotänzer sonntags oft von Schaulustigen umringt. Außerdem zieht der „Kiosk der Nachtschwärmer" alle Blicke auf sich. Jean-Michel Othoniel hat den Metroeingang aus 800 Murano-Kugeln zum 100. Geburtstag der Metro kreiert. Hinter der Comédie kehren wir noch einmal in den Ehrenhof des Palais Royal zurück, wo die Räume des Staatsrats und des Kultusministers liegen. Als Jacques Lang dort einzog, störte er sich an den Parkplätzen im Inneren der Anlage, die er für Kunst öffnen wollte. 1986 installierte Daniel Buren dort 260 schwarz-weiße Marmorsäulen. Weil sie unterschiedlich weit aus dem Boden ragen, spielen sie mit der Wahrnehmung der „Deux Plateaux". Nach anfänglichen Protesten ist das Kunstwerk heute eines der beliebtesten Fotomotive.

Place Colette mit Kiosque des Noctambules

Rechts der Säulen führt ein Durchgang zur versteckten Place de Valois, zu der neuerdings einige „Emily"-Fans pilgern. Weiter geht's zur Rue Montesquieu mit dem Zweitsitz des Kultusministeriums, dessen Metallnetz den Altbau mit einem modernen Anbau verwebt. Dahinter treffen wir direkt auf die ⑮ **Galérie Véro-Dodat.** Zwei clevere Metzger aus dem Hallenviertel hatten sie 1826 direkt gegenüber einer Poststation errichten lassen. Von der

Galerie Véro-Dodat

Jardin Nelson Mandela und Bourse de Commerce

Decke schauen Ceres, Merkur, Apollo und Minerva auf uns herunter, die für Landwirtschaft, Kunst und Handel stehen. Das noch originale neoklassizistische Dekor macht die Ladenzeile seit 200 Jahren zu einem angenehmen Ort für Flaneure. Zu ihnen gehörte Alfred de Musset, der sich bei Nr. 23 zu seiner Angebeteten Rachel Felix hinaufträumte, Victor Hugo war mit seinem Schmachten bei der Schauspielerin erfolglos. Balzac war regelmäßig in einer Druckerei anzutreffen, die am Ausgang der Passage zur Bourse de Commerce lag. Dort ziehen heute die raffinierten Schuhe von Christian Louboutin alle Blicke auf sich.

„Erfinder" roter Schuhsohlen ist der Bruder Ludwigs XIV. Nach einer durchtanzten Nacht nahe des Schlachthauses löste er mit blutigen Sohlen eine neue Mode aus.

Auf der Rue Rousseau nach links steuert man direkt auf die 16 **Bourse de Commerce** von 1889 zu, die seit 2021 ein neues Mekka für Fans zeitgenössischer Kunst ist. Für die Pinault Collection hat Tadao Ando den historischen Rundbau von Henri Blondel respektvoll in ein luftiges Ausstellungshaus verwandelt. Vor dem Portal geben wechselnde Skulpturen einen ersten Geschmack der aktuellen Ausstellung. An der Südseite der Börse ist eine kuriose Säule zu entdecken. Sie gehörte zum 1574 errichteten Hôtel de Medici, wo die Königin ihren Astrologen die Zukunft aus den Sternen lesen ließ. Philippe Parrano hat das älteste

Element der Rotunde als blinkenden Leuchtturm in ein Kunstwerk verwandelt. Mit der Eröffnung der Kunstsammlung ist der Stadtumbau im früheren Hallenviertel abgeschlossen. Dank des neu gestalteten Gartens wurde das Areal grüner und belebter. Das in die Jahre gekommene Einkaufszentrum Forum des Halles erhielt mit dem 2016 installierten Baldachin ein attraktiveres Gesicht.

Jahrhundertelang war auch 17 **Saint-Eustache** eine Baustelle. Der Grundstein der Kirche im alten Marktviertel wurde 1532 gelegt. Durch die Wirren der Glaubenskriege kamen die Bauarbeiten zum Erliegen und wurden 1778 eingestellt, das Westwerk blieb unvollendet. In der langen Bauzeit haben viele Architekten ihre Spuren hinterlassen. Die gotische Südfassade zitiert Notre-Dame, die im Kontrast zu Elementen aus Renaissance und Klassik steht. Im Inneren gibt es ein Rubensgemälde, eine Madonna von Pigalle, einen Altar von Keith Haring und das Fenster der Markthändler zu entdecken. Altar und Kanzel hat Victor Baltard entworfen, der durch die 1970 abgerissenen Markthallen zu Füßen der Kirche berühmt wurde. Wer auch noch Colberts Grab gewürdigt hat, findet garantiert eine Kirchenbank zum Ausruhen.

Saint-Eustache

6

START: Esplanade Johnny Hallyday, 75012 Paris
ZIEL: Metrostation Bastille
LÄNGE: ca. 7 Kilometer
DAUER: ca. 2,5–3 Stunden
ÖPNV: Metrostation Bercy: am Ziel: Metrostation Bastille
PARKEN: Öffentliches Parkhaus Ibis Styles, 77 Rue de Bercy, 75012 Paris

UNTERWEGS ENTDECKT

1. Accor-Arena
2. Parc de Bercy
3. Cinémathèque française
4. Bercy Village
5. Musée des Arts Forains
6. Rathaus des 12. Arrondissements
7. Jardin de Reuilly
8. Coulée Verte & Viaduc des Arts
9. Polizeistation
10. Marché d'Aligre
11. Cour de l'Étoile d'Or
12. Passage du Chantier
13. Cour du Bel-Air
14. Passage du Cheval Blanc
15. Cour Damoye

ESSEN + TRINKEN

Ground Control Gare de Lyon, 81 Rue du Charolais, 75012 Paris, groundcontrolparis.com
(Pizzeria und Pub, Galerie und Club, Bücherei und Plattenladen – auf dem früheren Bahngelände ist alles möglich.)

L'Ébauchoir, 43-45 Rue de Cîteaux, 75012 Paris, Tel. +33 (1) 43 42 49 31, lebauchoir.com
(Authentische Küche, gemütliche Einrichtung, gute Weine und mittags sehr günstig – (k)ein Geheimtipp!)

COULÉE VERTE

Links und rechts der grünen Bahntrasse

Vor den Toren der Bastille siedelten sich ab 1700 Kunsttischler und Weinhändler an, die von Steuerprivilegien und dem nahen Arsenal-Hafen profitierten, die das wirtschaftliche Leben über 200 Jahre prägten. 1860 wurden der Faubourg Saint-Antoine und das Weindorf Bercy als 12. Arrondissement der Hauptstadt einverleibt und durch eine neue Bahntrasse zerschnitten. Heute gehören Händler, Handwerker und Bahn der Vergangenheit an, als Parks und verwunschene Höfe (an Wochentagen!) sind ihre Spuren noch zu finden und machen den Stadtbezirk zum grünsten von Paris.

Fünf Jahre lang wurde in der Madeleine-Kirche jeden Monat eine Messe zum Gedenken an Johnny Hallyday gelesen. Doch kein Ort in Paris ist so mit dem französischen Rockstar verbunden wie die Arena von Bercy. Über hundertmal stand er dort auf der Bühne, um sich „Quelque chose de Tennessee" zu erträumen. Deshalb wurde das Trottoir vor der Multifunktionshalle nach dem Musiker benannt. Konzeptkünstler Bertrand Lavier hat das Denkmal „Quelque chose de …" geschaffen und mit Johnnys Harley auf einem überdimensionierten Gitarrensteg dessen zwei Leidenschaften verbunden. Die 1 **Accor-Arena** wurde

Accor Arena

Parc de Bercy, Maison du Lac

1984 als Palais Omnisport für Sport- und Musikveranstaltungen eingeweiht. Unter dem Dach der begrünten Pyramide können bis zu 17.000 Zuschauer Wettkämpfe in 24 Sportarten auf Linoleum, Eis und im Wasser verfolgen. 2024 wurden hier die olympischen Medaillen im Basketball und Turnen vergeben.

Direkt gegenüber ragt seit 1989 der Haupttrakt des **Finanzministeriums** wie eine Verlängerung des Bercy-Viadukts aus der Seine. Inspiriert von mittelalterlichen Burgen haben Chemetov und Huidobro den 310 Meter langen Bau mit einem Graben umgeben, der Nebeneingang zur Wasserseite erinnert an eine Zugbrücke. Für den Minister steht dort ein Motorboot parat, wenn er in der Nationalversammlung Rede und Antwort stehen muss. Um den Heliport auf dem Dach schwirren dagegen ungestört die Bienen. Lediglich für eine Szene in Mission Impossible 6 landete ein französischer Militärhubschrauber auf der kleinen Plattform.

Im Zuge der Umgestaltung des Quartiers entstand in den 1990er-Jahren der 2 **Parc de Bercy** an der Stelle der Weinlager, die unter Ludwig XIV. vor den Toren der Stadt eingerichtet wurden. Dank Steuerfreiheit und Nähe zum Wasser waren sie im 19. Jahrhundert als „größter Weinkeller der Welt" bekannt. Weil der Wein heute direkt beim Winzer abgefüllt wird, verlor der Umschlagplatz seine Bedeutung. Die Chais wurden bis 1980 größtenteils abgerissen. Einige dieser Lagerhäuser und ein Teil der Schienen für die Kesselwagen wurden in die Parkgestaltung integriert.

Den Auftakt von drei Gartenbereichen macht eine große Rasenfläche, die zum Spielen, Picknicken und Relaxen einlädt. Entlang des Ufers wird die Wiese durch eine höherliegende Lindenallee begrenzt, unter der sich die Depots des Stadtmuseums befinden. Über eine breite Treppe gelangt man zur jüngsten Seinebrücke, für die Dietmar Feichtinger eine Bogen- und eine Hängekonstruktion raffiniert miteinander kombiniert hat. Seit 2006 verbindet die **Passerelle Simone de Beauvoir** auf mehreren Ebenen

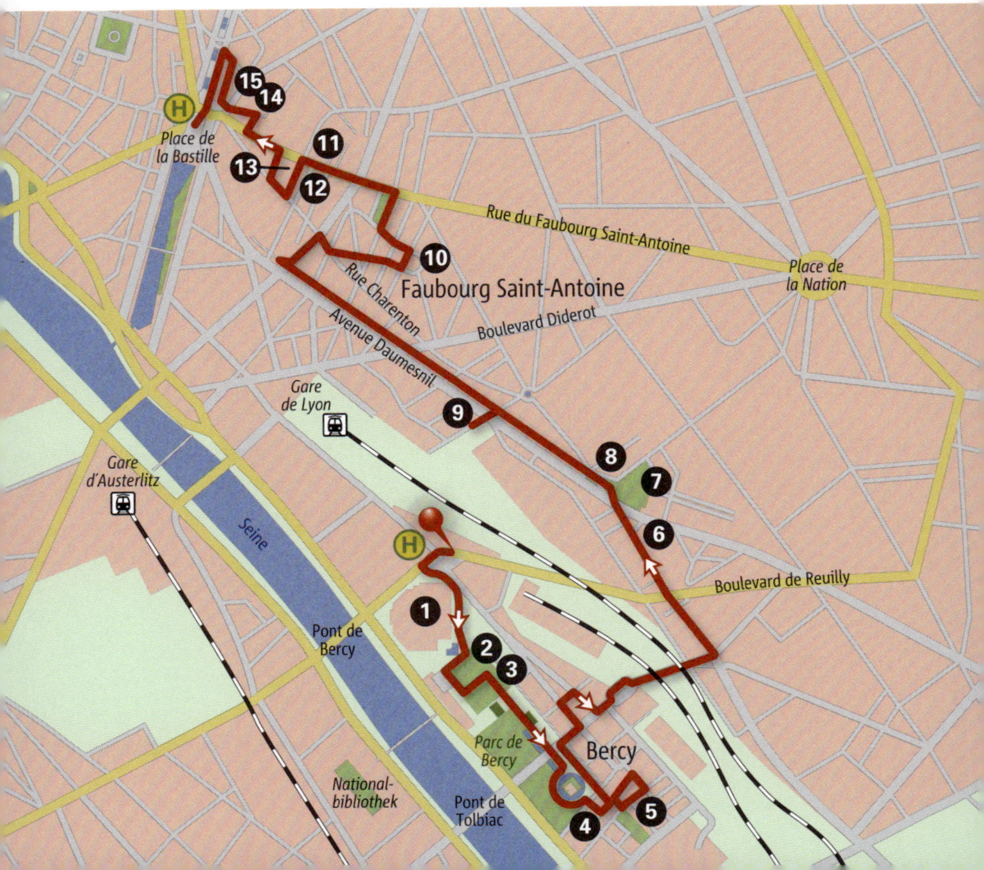

Parc de Bercy, Cinémathèque française

den Park mit dem neuen Standort der Nationalbibliothek von Dominique Perrault. Ihre vier Türme in Form aufgeklappter Bücher sind schon von Weitem auszumachen.

Den Nordrand der Rasenfläche markiert der skulpturale Bau von Frank Owen Gehry. Für sein American Center wollte der Architekt 1994 den freien Geist Amerikas mit der französischen Baustruktur zusammenbringen. Seit 2005 ist hier die 3 **Cinémathèque française** untergebracht. Das bereits 1936 gegründete „Kino-Gedächtnis" bewahrt über 40.000 Filme auf, die in vier Sälen über die Leinwand flimmern können und Stoff für die Ausstellungen des Museums bieten.

Der mittlere Teil des Bercy-Parks greift mit seinen **Parterre-Gärten** „à la française" die historische Rasterstruktur des Geländes auf. Hier kann man durch ein Spalier aus 400 Weinreben, durch rankende Rosen und einen Duftgarten defilieren oder durch ein Pflanzenlabyrinth irren. Am Rand des Gemüsegartens ist eines der Chais erhalten, in dem früher Wein abgefüllt wurde. Im Zentrum der Parterres steht das Maison du Jardinage, in dem heutigen Infopunkt waren im 19. Jahrhundert Steuern und Zölle abzuliefern. Ein kleiner Kanal weist den Weg in den **Jardin romantique,** in den wir über eine der Brücken über die Rue Joseph Kessel gelangen. Der englische Garten erwartet uns mit alten Bäumen, verschlungenen Pfaden und einem Belvedere, von dem man einen schönen Überblick hat. Das alte Wachhäuschen des Weinlagers steht als „Maison du Lac" inmitten einer mit Schilf bewachsenen Wasserfläche. Umgeben von Seerosen grüßt am Park-Ausgang die verwunschene Skulptur Demeure X von Etienne Martin die Spaziergänger.

Gegenüber geht es hinein in die Cour Saint-Émilion, deren historische Weinlager ab 1995 zu kleinen Geschäften und Restaurants des 4 **Bercy Village** umgebaut wurden. Zusammen mit den Schienen und den alten Fässern geben die 42 Steinhäuser eine reizvolle Kulisse für die beliebte Ausgehmeile.

Bercy Village

Die einfacheren Lagerhäuser an der Rue de Pirogues wurden 1886 von Ernest Lheureux gebaut. Sie beherbergen das 5 **Musée des Arts Forains** mit Jahrmarktattraktionen aus der Zeit um 1900. Großer Rummel herrscht dort in den Weihnachtsferien, wenn die alten Fahrgeschäfte ohne Anmeldung zu besichtigen sind.

Am Rand des Gartens geht's bis zur Rue Joseph Kessel, von der wir an der nächsten Ecke links in die Rue de Pommard abbiegen. An der Rue de Chablis beginnt eine **Muschelkalk-Siedlung.** Die 36 kleinen Häuser wurden 1908 für die Angestellten des Metrobetreibers CMP gebaut. Das mit Muscheln und Farbpigmenten vermengte Gestein wurde jahrhundertelang im Pariser Raum abgebaut und wegen seiner Härte oft für Mühlsteine verwendet. Um 1900 waren die „Maison en meulière" besonders bei den Jugendstil-Architekten in Paris in Mode.

Über die Rue de Bercy spazieren wir zur Place Lachambeaudie, die von der kleinen Kirche **Notre-Dame-de-la-Nativité** geprägt wird. Der neoklassizistische Säulenportikus wurde bereits 1826 geplant. Während der Pariser

Jardin de Reuilly

Commune 1871 als einzige Kirche in Brand gesteckt, wurde sie danach wiederaufgebaut. Der im Inneren schlichte Bau besitzt jedoch einige Barockgemälde von französischen und flämischen Meistern. Beim Umrunden der Kirche ist ein Fresko zu entdecken, das die Geburt Jesu passend zum Namen der Kirche zeigt.

Hinter der Kirche tauchen wir unter den Gleisanlagen der Gare de Lyon hindurch. Links in der Rue Charenton passieren wir den Boulevard de Reuilly und spazieren bis zum 6 **Rathaus des 12. Arrondissements.** Für seinen historistischen Entwurf bediente sich Antoine Hénard 1876 an Elementen der Renaissance und des Barocks. An der Fassade des mittigen Pavillons stehen die Skulpturen von Tischler und Winzer für die Hauptgewerke des Stadtbezirks. Der Frauenkopf über dem Hauptportal ist an der Mauerkrone als Sinnbild von Paris zu erkennen.

Nach dem kleinen Garten erwartet uns gegenüber an der Avenue Daumesnil der 7 **Jardin de Reuilly.** Bis 1985 wurden hier noch Güterzüge rangiert. Zehn Jahre später entstand eine grüne Oase, die mit Wegeführung und Spielplatz an das Bahngelände erinnert. In den Park kommen Anwohner mit Kanistern, da es beim Eingang Frankreichs einzigen kostenlosen Mineralwasserbrunnen gibt.

Über den Köpfen der Sonnenanbeter auf der Liegewiese verläuft eine Hängebrücke, die zur **8 Coulée Verte** gehört und ein Stück weiter eine Schneise durch zwei Wohnhäuser schlägt. Ab 1859 tuckerte auf dieser Trasse die Eisenbahn vom Bastille-Platz rund 50 Kilometer nach Osten. Ersetzt durch die RER A wurde die Strecke bis Vincennes 1969 stillgelegt und ab 1988 in eine 4,5 Kilometer lange Promenade umgewandelt, die 7 Meter über der Straße ein perfekter Picknick-Platz ist. Parallel zur Avenue Daumesnil führt der längste Garten von Paris über das **8 Viaduc des Arts,** in dem rund 50 Kunsthandwerker arbeiten. Über die regelmäßigen Zugänge kann man nach Belieben zwischen den beiden Ebenen wechseln. An der Kreuzung zur Rue Rambouillet hat man von oben den besten Blick auf das skurrile Eckhaus mit der **9 Polizeistation** des 12. Bezirks. Michelangelos sterbender Sklave aus dem Louvre war Vorbild für die Balkongestaltung. Der katalanische Architekt Manuel Nunez Yanowsky hat sich dort auch die Venus von Milo für ein Wohnhaus abgeschaut.

Viaduc des Arts

Gegenüber dem Polizeirevier lohnt es, einen Blick in das Kulturzentrum Ground Control zu werfen. Die französische Bahngesellschaft SNCF hatte ein Sortierzentrum am Rand der **Gare de Lyon** aufgegeben, das sich heute zum Szene-Treff gemausert hat. Der Bahnhof wurde anlässlich der Weltausstellung 1900 gebaut. Le Train Bleu, das „schönste Bahnhofsrestaurant der Welt“, ist nach dem luxuriösen Nachtzug benannt, der Paris mit der Cote d’Azur verband. Den markanten, 64 Meter hohen Uhrenturm kann man von der Coulée Verte auf Höhe des Boulevard Diderot über die Baumkronen lugen sehen.

An der Avenue Ledru Rollin verlassen wir die alte Bahnlinie und spazieren bis zur Rue Charenton. Von rechts duftet es uns aus einem Eckhaus von 1906 entgegen. Wer sich in der Bio-Bäckerei eine kleine Sünde auf die Hand holt, kann dabei die denkmalgeschützte Ladeneinrichtung mit den Jugendstilfliesen bewundern.

Cour de l'Ours

Anschließend geht's in die Rue Emilio Castelar. Die unabhängige Buchhandlung „La Terrasse de Gutenberg" an der nächsten Ecke ist ein Paradies für Leseratten, doch wir nehmen Kurs auf den quirligen 10 **Marché d'Aligre** und seine Beauvais-Markthalle von 1843. Als einer der ältesten Märkte von Paris blickt er bereits auf eine 400-jährige Geschichte zurück. Am jetzigen Platz wird seit 1779 außer montags mit Fleisch, Käse und Gemüse gehandelt und um Nippes an den Ständen der Trödler gefeilscht. Rund um den Platz haben einige alte Häuser mit urigen Geschäften die Zeiten überdauert. Ein Aushängeschild des Marktes ist die Grainerterie, die zugleich Samenhandlung und Bonbonladen ist. Die Nachbarschaft trifft sich gern auf einen Schwatz und eine Partie Schach im Le Penty vis-à-vis der Markthalle.

Weiter geht's in die Rue Théophile Roussel, wo die Weinbar Baron Rouge mittags mit frischen Austern und einem Glas Chablis lockt. Die Straße führt zum **Square Troisseau,** der mit Spielplatz und Musikpavillon ein beliebter Treff bei Jung und Alt ist. Um 1670 wurde hier ein Hospiz für Findelkinder gegründet. Das spätere Kinderkrankenhaus machte um 1900 Platz für das grüne Geviert.

Der Garten grenzt im Norden an eine der Schlagadern im Pariser Osten, die Rue du Faubourg Saint-Antoine. Über dem Tor der Nr. 95 den Bären entdeckt? Er gab der nach 1850 angelegten **Cour de l'Ours** den Namen. Am Ende des gepflasterten Hofs ist der Stammsitz der Peausserie Tassin, wo kunstfertige Hände Sessel mit Leder bespannen. Für ihr geprägtes und von Hand bemaltes Leder haben sie Stammkunden auf der ganzen Welt.

Eine echte Perle ist die ⓫ **Cour de l'Étoile d'Or** bei Nr. 75. Im ersten Hof ist ein um 1800 erbautes Haus mit Palmettenfries zu entdecken. Der älteste Teil des Wohnhofes ist das Herrenhaus von 1640, das heute als Torhaus zum zweiten Hof dient. An seiner Fassade gilt es, eine verwitterte Sonnenuhr von 1751 zu finden. Der zweite, jüngere Wirtschaftshof wird durch das hohe Ateliergebäude von 1882 dominiert. Das Stallgebäude gegenüber wurde auch zum Atelierhaus aufgestockt. Das Nebengelass in Nr. 71 ist seit 1998 als „Hof der Shadoks" bekannt. Dort hatte Jacques Rouxel, der Erfinder dieser vogelartigen Cartoon-Stars, gewohnt.

Auf der gegenüberliegenden Straßenseite können wir bei Nr. 74 einen Blick durch das Gitter in den umgewidmeten Industriehof werfen. In der bereits um 1700 bekannten **Cour des Bourguignons** arbeiteten bis zu 600 Handwerker in der Möbelfabrik Krieger. Um 1870 ließ der Holzlieferant Hollande den Hof umbauen und erweitern. Damals wurde auch eine Dampfmaschine installiert, wovon noch

Cour de l'Étoile d'Or

Cour des Shadoks

der 32 Meter hohe Schornstein zeugt. Heute sind hier Agenturen, Ateliers und Tech-Firmen angesiedelt.

Die Glasfront in Nr. 66 hat der Architekt Jean-Michel Wilmotte für sein Büro umgestaltet. Direkt daneben führt die urige ⓬ **Passage du Chantier** in das alte Herz der Holzwerkstätten. Ab 1842 wurde hier gehobelt, gepolstert und Beschläge geschmiedet. Einigen Handwerkern kann man heute noch über die Schulter schauen, wenn unter ihren Händen eine Kommode à la Louis XV entsteht. Am Ende der Passage landen wir auf der Rue Charenton. Bei Nr. 26 hatten die Schwarzen Musketiere ihre Kaserne. Hinter dem um 1700 von Robert de Cotte gebauten Portal ist seit 1779 die Augenklinik Quinze-Vingt beheimatet. Das Hôpital des Quinze-Vingt wurde bereits 1260 durch Ludwig IX. für Blinde eingerichtet. Einer Legende nach wollte er hier „15 mal 20" seiner von Sarazenen geblendeten Kreuzfahrer unterbringen. Wie die Musketiere nehmen wir bei Nr. 47 die um 1700 angelegte Passage de la Boule Blanche als

Rue Faubourg Saint-Antoine

Schleichweg zur Nr. 50 der Rue Faubourg-Saint-Antoine. Dort ist über dem Hauptportal eine weiße Kugel zu sehen.

Ein paar Schritte zurück finden wir bei Nr. 56 einen der ältesten Höfe, die ⓭ **Cour du Bel-Air.** Mit seinen dunkelroten Holzverkleidungen und den Weinranken gilt er auch als einer der schönsten. Das Hôtel de Bel-Air wurde 1674 errichtet, später die Wirtschaftsgebäude ergänzt. Vor dem Buchladen ist ein deutlich größerer Stein ins Pflaster eingelassen. Es heißt, dass sich die Musketiere hier zum Würfelspiel trafen. Im Hof sind die alten Gewerke verschwunden. In den „Ateliers de Paris" auf der Rue Faubourg Saint-Antoine Nr. 30 fördert die Stadt dagegen Kunsthandwerker, die historische Techniken mit neuen Ideen beleben.

Passage du Cheval Blanc

Nun verschwinden wir gegenüber bei Nr. 21 in die ⓮ **Passage du Cheval Blanc** von 1824, die sechs nach Monaten benannte Höfe erschließt. Hinter den Fachwerkfassaden lagerten die Tischler ihre Holzreserven ein. Bei der Umgestaltung des Viertels beim Bau der Bastille-Oper kam neues Leben in die Hinterhäuser, in denen heute Architekten, Designer und ein Radiosender arbeiten. Das Torhaus aus dem 17. Jahrhundert entlässt uns auf die Place de la Bastille.

Cour Damoye

Unbeeindruckt von dem Trubel entschwinden wir nach wenigen Metern bei Nr. 10 in die idyllische ⓯ **Cour Damoye.** Der Eisenwarenhändler Damoye hatte diese Passage zur Rue Daval im 18. Jahrhundert angelegt. Von den Schauwerkstätten der Handwerker zeugen noch die großen Fenster, außerdem hat sich in einer Ecke ein Lastenaufzug erhalten. Am Ende der lauschigen Passage gelangen wir links auf den Boulevard Richard-Lenoir. Unter den Marktständen gluckert der Kanal Saint-Martin vor sich hin, der jenseits des Bastille-Platzes und des Arsenal-Hafens in die Seine mündet.

7

START: Ausgang 1 der Station Place de Clichy, 75018 Paris
ZIEL: Metrostation Blanche
LÄNGE: ca. 5 Kilometer
DAUER: ca. 2–2,5 Stunden
ÖPNV: Metrostation Place de Clichy; am Ziel: Metrostation Blanche
PARKEN: Interparking Clichy Montmartre, 12 Rue Forest, 75018 Paris

UNTERWEGS ENTDECKT

1. Place de Clichy
2. Montmartre-Friedhof
3. Van Goghs Appartement
4. Moulin de la Galette
5. Square Suzanne Buisson
6. Château des Brouillards
7. Maison Rose
8. Musée de Montmartre
9. Weinberg
10. Lapin Agile
11. Sacré-Cœur
12. Saint-Pierre
13. Place du Tertre
14. Bateau-Lavoir
15. Je-t'aime-Mauer
16. Moulin Rouge

ESSEN + TRINKEN

Café Renoir, 12 Rue Cortot, 75018 Paris, Tel. +33 (1) 49 25 89 39, museedemontmartre.fr/cafe-renoir-montmartre
(Das Gartenrestaurant des Montmartre-Museums ist eine entzückende Oase, die für einen kleinen Obolus auch ohne Museumsbesuch zugänglich ist.)

Edmont, 12–14 Rue Joseph de Maistre, 75018 Paris, +33 (1) 46 06 72 85, terrass-hotel.com/restaurant
(Einen fantastischen Ausblick genießt man aus Bar und Restaurant des Terrass Hotel – für den Nachmittagskaffee muss man nicht reservieren.)

MONTMARTRE

Der Hügel der Maler

Ab 1860 gehörte das Dorf Montmartre zum Pariser Stadtgebiet. Berühmt wurde das heute meistbesuchte Viertel durch die Künstler, die damals hier preisgünstig und unbehelligt von der Obrigkeit leben konnten. Obwohl man hier außer kurz nach Sonnenaufgang nie allein zu sein scheint, hat das Quartier in einigen Gassen seinen urigen Charakter bewahrt. Wer von der Metrostation Anvers direkt zu Sacré-Cœur hochstapft oder parallel mit der Standseilbahn hinaufgondelt, wird den Geheimnissen und Legenden kaum auf die Spur kommen. Dafür muss man den „Berg erwandern", aber keine Sorge, es geht gemächlich.

Schuhe geschnürt? Los geht's am Denkmal an der 1 **Place de Clichy,** das an die Verteidigung der Hauptstadt 1814 gegen russische Truppen erinnert. Zuvor stand hier ein Zolltor, das zur Stadtmauer der Generalpächter entlang des Boulevards gehörte. Picasso traf sich mit seinen Freunden oft im Austernlokal Wepler. Auch der amerikanische Schriftsteller Henri Miller war Stammgast und beobachtete in den 1920er-Jahren stundenlang das Publikum, seinen „Markt der leichten Mädchen" gibt es jedoch längst nicht mehr.

Montmartre-Friedhof

Die Rue Caulaincourt führt uns auf eine Brücke, die seit 1886 den 2 **Montmartre-Friedhof** zerschneidet. Über eine Treppe rechts kann man zum Haupteingang hinuntersteigen, um Heinrich Heine, der Sängerin Dalida, der Kameliendame Alphonsine Duplessis oder dem Pariser Henker Henri Sanson einen Besuch abzustatten.

Zu Füßen des Terrass Hotel biegen wir nach rechts ab, bis wir am urigen Bistro Basilic auf die Rue Lepic treffen und ihr nach links weiter bergauf folgen. In Nr. 54 teilten sich

Rue Lepic, links Nr. 54

Vincent und Théo **van Gogh** 1886 bis 1888 ein ❸ **Appartement** in der vierten Etage. Der kreative Kopf und der geschäftstüchtige Galerist gerieten öfter aneinander, trotzdem unterstützte Théo seinen Bruder bis zuletzt. Heute teilen sich beide ein Grab in Auvers-sur-l'Oise. Ob sie sich wieder streiten?

An der nächsten Ecke biegen wir rechts in die Rue Durantin. Über die Rue Tholozé pirschen wir uns bergauf an die ❹ **Moulin de la Galette** heran. Aus den Baumwipfeln ragen die Flügel der 1622 erbauten Mühle hervor, die ursprünglich „Blute-fin", die Feinsiebende, genannt wurde. Sie ist das letzte Relikt von ehemals 14 Windmühlen, die ab dem 16. Jahrhundert zum Mahlen von Getreide, Pressen von Trauben und als Steinmühle dienten. Ab 1800 verloren sie peu à peu ihre Funktion. Der Müller der Blute-fin, der alte Debray, sattelte 1840 zum Gastwirt um. Da Wein auf dem Hügel nicht besteuert wurde, schossen hier Guinguettes aus dem Boden. Um 1875 war zwischen der Blute-fin und der benachbarten Moulin Radet – heute nicht mehr original – regelmäßig Schwof. Die Mädchen mussten vor jedem Tanz für sich und

Moulin de la Galette

ihren Partner Parkettgeld zahlen. In Gartenlauben wurden Galettes, heiße Küchlein, serviert – der neue Name war geboren.

Unter der Moulin Radet befindet sich der Eingang eines gemütlichen Restaurants, in dem die Chansonnière Dalida Stammgast war. Sie wohnte nur ein paar Schritte weiter an der Kurve der Rue d'Orchampt.

Renoir hat das ausgelassene Treiben um die Moulin de la Galette in einem Bild festgehalten, heute eines der Hauptwerke im Musée d'Orsay.

Weiter geht's über die Rue Girardon, die sich an der nächsten Ecke zur Place Marcel Aymé öffnet.

Der Schriftsteller lebte auf der linken Seite des Platzes. Wer dort die Plakette an der Hauswand studiert, wird von einem Phantom beobachtet, das durch die Wand geht. Die Hände von Fantomas haben diese Skulptur geschaffen –

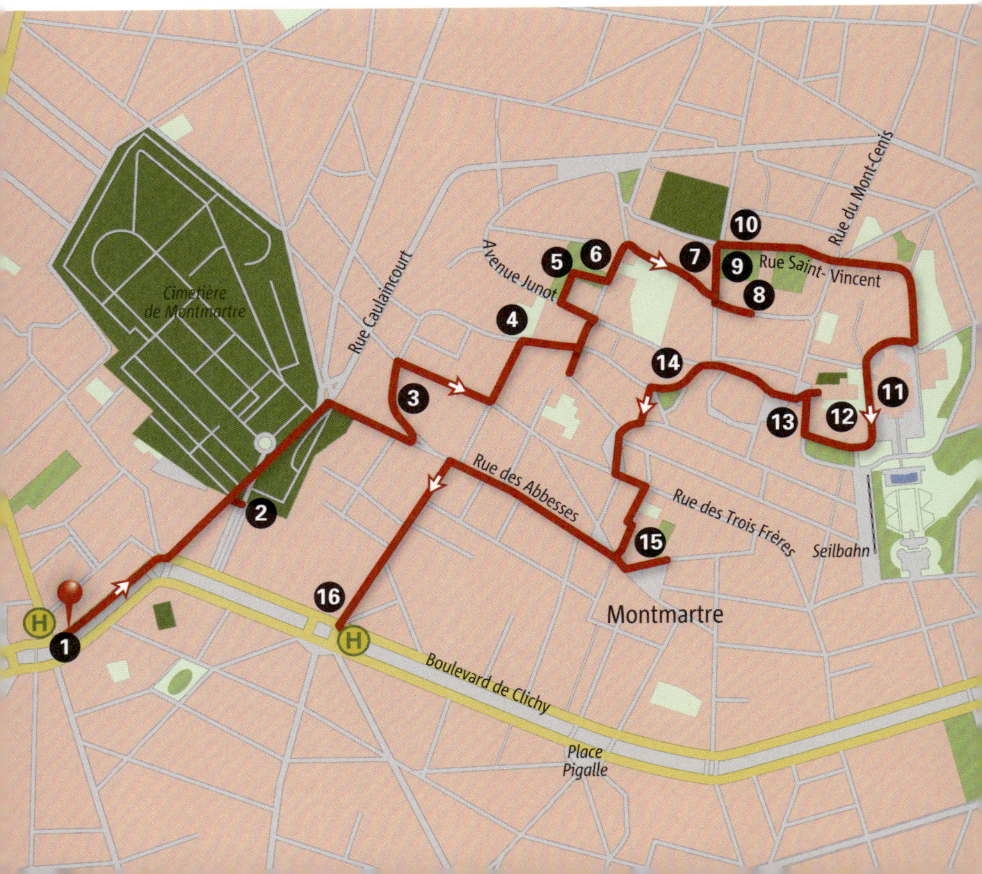

der Schauspieler und Bildhauer Jean Marais hat seinem Freund Aymé ein Denkmal gesetzt. „Der Mann, der durch die Wand gehen konnte" war eine seiner erfolgreichsten Geschichten. **„Le Passe-Muraille"** aus Bronze trägt die Züge des Autors.

Place Marcel Aymé, Le Passe-Muraille

Die Novelle spielt auch in der **Avenue Junot,** die um 1900 noch zum „Maquis" gehörte. Anstelle mediterranen Gestrüpps wimmelte es hier von ärmlichen Holzhütten, in denen etliche Künstler wohnten. Ab 1910 wurde dem Wildwuchs ein Ende bereitet, die neue Allee mauserte sich zu einer vornehmen Wohngegend. In Nr. 13 wohnte der Maler Francisque Poulbot bis zu seinem Tod 1946. Als „Zille von Montmartre" hielt er die Straßengören mit dem Zeichenstift fest, drei von ihnen sind an der Hauswand verewigt. Das Nachbarhaus ließ sich Dada-Poet Tristan Tzara 1926 von Adolf Loos errichten, als einer der Wegbereiter der Moderne empfand er Ornamente als Verbrechen. Rechts daneben führt ein privater Schleichweg am „Hexenfelsen" vorbei hinunter zur Rue Lepic. Wer im Hôtel Particulier Montmartre logiert, bekommt Zugang zu dem Überbleibsel der Macchia. Ein paar Schritte weiter abwärts zweigt die kleine Sackgasse **Villa Léandre** ab. Mit ihren getünchten Back-

DER BERG DER LEIDEN

Der erste Bischof von Paris wurde von den Römern im 3. Jahrhundert geköpft. Mit dem Kopf unter dem Arm soll Dyonisius aus der Stadt hügelan zu einer Quelle gelaufen sein. An der Stelle des heutigen Brunnens hat er sich das Blut abgewaschen. Danach hat er es noch bis ins heutige Saint-Denis geschafft, wo über seinem Grab die Kathedrale errichtet wurde, die Nekropole der französischen Könige. Nach seinem Leidensweg wurde Montmartre, der „Berg des Martyriums", benannt. Jetzt also kein Gejammer wegen der Füße, der Kopf ist schließlich noch dran!

steinhäuschen und den Vorgärten ist sie ein Stück England in Paris. Die Tür von Nr. 10 ist passenderweise eine Kopie von 10 Downing Street.

Wieder zurück zum Anfang der Allee folgen wir den Kinderstimmen hinter die Mauer in den 5 **Square Suzanne Buisson.** Während die Kleinen ums Klettergerüst toben, treffen sich die Großen weiter rechts zu einer Partie Pétanque. Beobachtet werden sie von der Brunnenfigur des Heiligen Dyonisius.

Square Suzanne Buisson

Hinaus zur Rue Girardon finden wir bei Nr. 13 ein Portal, hinter dem ein verwunschenes Anwesen mitten im Grünen liegt, ein Relikt des 1772 errichteten 6 **Château des Brouillards.** Daneben befand sich eine Pferdetränke, von der man morgens oft Nebel aufsteigen sah, der dem kleinen Landsitz den Namen gab. Der Dichter und Heine-Übersetzer Gérard de Nerval besuchte das Idyll oft, als er 1841 Patient in der Heilanstalt von Dr. Blanche in der Rue Norvins war. 1850 wurden verfallene Wirtschaftstrakte

Garten des Château des Brouillards

Place Dalida und Rue de l'Abreuvoir

des Anwesens abgerissen. Über Nacht entstanden dort kleine Holzhütten, in denen Künstler wie der „Katzenmaler" Steinlen, Modigliani, van Dongen oder Renoir eine Bleibe fanden. 1894 wurde dort der spätere Filmemacher Jean Renoir geboren, der sich gern an eine paradiesische Kindheit in dem verwilderten Garten erinnerte.

Von der Place Dalida, wo eine Büste der Sängerin steht, geht es auf das steilste Stück unserer Tour. Mit dem Blick zu Sacré-Cœur und Wasserturm ist die Rue de l'Abreuvoir auch einer der malerischsten Winkel des Hügels. Oben angekommen, erwartet uns das urige 7 **Maison Rose** an der Ecke. Bereits vor 100 Jahren gab es dort ein kleines Künstlerlokal, das vor einiger Zeit als Café wiederbelebt wurde. In seinen Ansichten von Montmartre bannte Maurice Utrillo die schiefe Kate mehrfach auf die Leinwand. Er wohnte einige Jahre mit seiner Mutter Suzanne Valadon ein paar Schritte weiter in der Rue Cortot Nr. 12. Um 1650 gebaut beherbergt es als eines der ältesten Häuser das 8 **Musée de Montmartre.** Dort kann man das rekonstruierte Atelier von Suzanne Valadon sehen, die vom Modell zur anerkannten Künstlerin aufstieg. Ihre „Akademie" waren die stundenlan-

Rue Cortot

gen Sitzungen bei Puvis de Chavanne, Renoir, Toulouse-Lautrec und Degas, denen sie genau auf die Finger schaute.

Ab 1680 bewohnte der Schauspieler und Komödienschreiber Roze de Rosimont das alte Gemäuer. Nach Molières Tod hatte er von ihm mehrere Rollen in der königlichen Theatertruppe geerbt. Weniger Erfolg hatte Rosimont mit seinen Texten, die er bei anderen abgekupfert haben soll. Als er wie Molière ausgerechnet nach einer Aufführung des „Eingebildeten Kranken" starb, wisperte es durch die Salons: „Sogar der Tod war ein Plagiat".

Renoir bezog ein Atelier im heutigen Museum, um sein Bild vom Moulin de La Galette direkt vor Ort zu malen.

Bevor es zu Sacré-Cœur geht, spazieren wir am Maison Rose noch einmal hügelabwärts, vorbei am 9 **Weinberg** von Montmartre, der den schon im Mittelalter belegten Weinanbau wiederbelebte. Poulbot hatte 1933 die Weinreben aus zivilem Ungehorsam organisiert, um ein Immobilienprojekt zu verhindern. Ein Jahr später fand das erste Fest der Weinlese statt, das alljährlich das größte Volksfest des Hügels ist.

Unterhalb des Weinbergs entdecken wir das urige Cabaret 10 **Lapin Agile,** das 1860 als Tanzlokal gegründet wurde und zwischenzeitlich Cabaret der Diebe und Cabaret der Mörder hieß. Unter Aristide Bruant wurde es zur Bühne für Bänkelsänger. Neues Firmenschild wurde ein Kaninchen nach einer Vorlage des Malers André Gill. Das „Lapin à Gill" wurde schnell zu „Lapin agile" verballhornt. Im Original ist das nicht wirklich flinke Langohr im Montmartre-Museum zu sehen.

Über die Rue Saint-Vincent pirschen wir uns von hinten an Sacré-Cœur heran. An der nächsten Ecke überqueren wir die Rue Mont-Cenis, in der zu beiden Seiten

Weinberg von Montmartre

die berühmten Montmartre-Treppen abgehen. Für eine kleine Fitness-Einheit kann man hier bis zum Wasserturm hinauf- und wieder hinabsprinten. Oben gibt es einen Ausblick bis zum Stade de France und der Kathedrale von Saint-Denis.

Anschließend geht es fast mühelos weiter auf der Rue de la Bonne bis zur Chorseite der Basilika. Hinter dem Zaun ist die ungewöhnlichste Herberge der Stadt versteckt. Wer sich verpflichtet, nachts eine Stunde in ⑪ **Sacré-Cœur** Gebete zu sprechen, bekommt für 10 Euro ein Bett im Schlafsaal. Seit ihrer Weihe 1919 wird in der Kirche pausenlos gebetet. Der Grundstein der Sühnekirche wurde 1875 nach dem Deutsch-Französischen Krieg gelegt. Paul Abadie orientierte sich bei seinem Entwurf an den Kuppeln der Kathedrale von Périgueux, die er selbst in romanisch-byzantinischem Stil restauriert hatte. Wegen Geldmangel und Tod des Architekten wurde der Bau erst 1914 fertig und nach dem Ersten Weltkrieg geweiht. Die strahlend weiße Kirche avancierte schnell zum Wahrzeichen von Paris. Der

Lapin Agile

Blick von der Sacré-Cœur-Kuppel

Sacré-Cœur und Saint-Pierre

Travertin aus Château-Landon bleicht durch den Kontakt mit Sauerstoff aus, sodass man den Bau nicht abstrahlen muss. Der 35 Millionen Jahre alte Kalkstein wurde auch für den Bau des Triumphbogens, die Tournelle-Brücke und die Verkleidung des Finanzministeriums in Bercy verwendet.

Ein besonderer Anziehungspunkt (auch für Taschendiebe!) ist der Blick vom Vorplatz der Basilika über die Stadt. Um auch den Eiffelturm zu sehen, müssen wir entlang der Mauer des Wasserreservoirs ein Stück gen Westen gehen. Am Ende des Square Nadar – ein beliebter „Hunde- und Herrchen-Treff" – ist die *Dame de fer* inmitten der Dächer von Paris zu entdecken.

Mit einer Darstellung des auferstandenen Christus und dem Heiligen Herzen besitzt die Kirche das größte Mosaik Frankreichs.

Mit dem Foto im Kasten geht's auf der Rue Mont-Cenis wieder ein Stück bergan bis zum Vorplatz der Kirche ⓬ **Saint-Pierre.** Auch wenn die klassische Fassade das nicht vermuten lässt, wurde sie bereits 1147 geweiht und durch Ludwig VI. in die Obhut von Benediktinerinnen übergeben. Hinter dem Portal des Heiligen Dionysius erwartet uns ein schlichter romanischer Bau. Brüche und Versprünge im Mauerwerk erzählen von vielen Umbauten. Im schmalen Chorjoch ist das früheste Kreuzrippengewölbe von Paris zu

Blick Richtung La Défense über Saint-Pierre und Kirchhof

finden, das schon die kommende Gotik ankündigt. Vermutlich bereits im Vorgängerbau wurden vier grün-blaue Säulen mit weißen Marmorkapitellen verwendet, die hinter der Portalwand und im Chor verbaut sind. Sie stammen wohl von einem römischen Tempel und könnten auch einen Hinweis auf Montmartre als Berg des Gottes Mars geben, zumindest aber auf einen spirituellen Ort seit 2000 Jahren.

Nach der Stille in der Kirche stürzen wir uns ins Getümmel. Im Eckcafé mit der roten Markise gegenüber traf man oft Toulouse-Lautrec in Begleitung einer Tänzerin des Moulin Rouge. Puvis de Chavanne und Degas taxierten hier die Wäscherinnen auf ihre Eignung als Modell. Bei Mère Catherine an der 13 **Place du Tertre** soll das Wort Bistro entstanden sein, als 1814 durchziehende Kosaken nach einem Glas verlangten – schnell, *bystro!* Die Maler, die mit ihren Staffeleien das Flair des Platzes prägten, sind nur noch an der Nordseite zu finden. Wer etwas Muße hat, kann ihnen dort über die Schulter schauen oder sich malen lassen.

Der Friedhof links der Kirche ist nur Allerheiligen geöffnet. Dort wurden Müller Debray, Weltumsegler Bougainville und Bildhauer Pigalle bestattet.

Über die Rue de Norvins spazieren wir an den Souvenirshops vorbei zur Rue des Saules. An der Kreuzung liegen die Künstlerkneipen Le Consulat und **La Bonne Franquette,** über dem Charles Aznavour einige Jahre wohnte. Poulbot ging dort gern Billard spielen, van Gogh hatte es in einem Bild verewigt. Anschließend mündet die Rue Norvins hangabwärts in eine dreieckige Platzanlage. Im kleinen Wasserturm hat die Weinbruderschaft ihren Sitz. Wir folgen der Biegung bis zur Rue Lepic und nehmen dann die Treppe in die Rue de la Mire, durch die der historische Nullmeridian verlief. Unten landen wir direkt vor dem Schaufenster von „Argile libre“ in der Rue Ravignan. Zwei Künstler betreiben dort ein Atelier, in dem sie besondere Paris-Souvenirs aus Keramik und Porzellan kreieren.

Bonne Franquette

Danach erwartet uns rechts einer der charmantesten Plätze von Montmartre mit einem Dach aus Kastanienlaub, einer grünen Wallace-Fontäne und dem kleinen Hotel, das bei Eric Rohmer schon Filmkulisse war. Berühmt ist das Atelierhaus 14 **Bateau-Lavoir,** das an der Rückseite des Platzes um 1900 eine verlassene Pianofabrik belegte und nach einem Brand 1978 wieder aufgebaut wurde. Beengt wie die Frauen auf den Waschbooten an der Seine, hatten die Künstler darin kleine Wohnateliers. Picasso malte hier seine „Fräulein von Avignon", mit denen er vor den Augen des verdutzten George Braque die Erfindung des Kubismus für sich beanspruchte. Häufig in Paris umgezogen resümierte er später über seine frühen Jahre: „Nirgends waren wir so glücklich wie hier." Im heutigen Relais de la Butte am unteren Ende des Platzes stand früher Pére Azon in der Küche. Da er Bilder in Zahlung nahm, war seine Kantine ein Künstlertreff. Vincent und Théo van Gogh waren regelmäßig zu Gast.

Place des Abbesses

Links in der Rue des Trois Frères treffen wir nach ein paar Schritten auf den Marché de la Butte. Als Gemüseladen des Monsieur Collignon schrieb er Filmgeschichte. Fans finden dort noch Collignons Ladenschild, einen Gartenzwerg und natürlich das Konterfei der „fabelhaften Amelie".

Direkt gegenüber nehmen wir die Treppe zur verwinkelten Passage des Abbesses. Durch den Torbogen am Ende sieht man schon die Kirche Saint-Jean an der **Place des Abbesses.** Als das alte Dorf nach der Eingemeindung 1860 immer mehr Zustrom erhielt, wurde Anatole de Baudot mit dem Bau beauftragt. Er schuf 1904 die erste Stahlbetonkirche, die er mit Ziegeln verkleidete. Für Wandaufbau, Gewölbe und Dekor mixte er gotische, byzantinische und Jugendstil-Elemente.

1913 hielt die erste Metro 36 Meter unter der Erde am tiefsten Punkt des Liniennetzes. Den Eingang der Station verkleidet eine der beiden noch erhaltenen „Libellen" von Hector Guimard. Das denkmalgeschützte Glasdach wurde 1974 vom Rathaus hierher verlegt. Seit dem Jahr 2000 pilgern Liebespaare für Fotos in das kleine Gärtchen am Nordrand des Platzes. Der Künstler Frédéric Baron hat handgeschriebene Liebeserklärungen in 280 Sprachen gesammelt, die die Kalligraphin Claire Kito auf blaue Keramikfliesen der 15 **Je t'aime-Mauer** übertrug.

Moulin Rouge

Über die Rue Abbesses mit ihren Cafés und Geschäften treffen wir wieder auf die Rue Lepic, die im unteren Teil zur Marktstraße wird. Auf der rechten Seite liegt das **Café des Deux Moulins,** das auch als Kulisse für „Die fabelhafte Welt der Amelie" diente. Nach einem Besitzerwechsel erkennen Fans die frühere Bar-Tabac jedoch nicht wieder. Auch der Personaleingang des Moulin Rouge weiter abwärts hat seine Patina verloren, dort ist der Souvenirshop des Cabarets entstanden.

Auf der Place Blanche wurden Säcke mit Mehl und gemahlenem Stein verladen, so dass der Platz weiß gepudert aussah. 1889 eröffnete hier das erste 16 **Moulin Rouge.** Toulouse-Lautrec saß in den Anfangsjahren regelmäßig an der Bühne. Seine Plakate machten das Cabaret, die Tänzerinnen und ihn selbst weltberühmt. Nach einem Brand 1915 wurde das Haus in den Goldenen Zwanzigern wiedereröffnet. Damals brachten Joséphine Baker und Mistinguett den Saal zum Toben. Nach der Pleite in der Wirtschaftskrise drehen sich seit 1954 die Flügel der dritten Roten Mühle, die man bei einem Absacker auf dem Dach aus der Nähe sehen kann.

8

START: Ausgang der Metrostation Jaures,
198 Boulevard de la Villette, 75019 Paris
ZIEL: Metrostation Corentin-Cariou
LÄNGE: ca. 8 Kilometer
DAUER: ca. 3 Stunden
ÖPNV: Metrostation Jaures; am Ziel: Metrostation Corentin-Cariou
PARKEN: Yes Park, 20–22 Quai de la Loire, 75019 Paris

UNTERWEGS ENTDECKT

1. Rotonde
2. Bassin de la Villette
3. Kinohallen
4. Getreide- und Zuckerspeicher
5. Hubbrücke
6. Saint-Serge
7. Parc des Buttes-Chaumont
8. Mouzaïa
9. Grande Halle
10. Philharmonie
11. Géode
12. Cité des Sciences et de l'Industrie
13. Petite Ceinture

ESSEN + TRINKEN

Pavillon des Canaux, 39 Quai de la Loire, 75019 Paris,
Tel. +33 (7) 69 33 22 98, pavillondescanaux.com
(Im knallbunten alten Kanalwärterhäuschen kann man in allen Wohnräumen dinieren, sogar in der Badewanne! Die Terrasse ist perfekt für eine Sommerparty.)

L'Eau et Les Rêves, 9 Quai de l'Oise, 75019 Paris,
Tel. +33 (6) 82 14 02 33, penichelibrairie.com
(Bücher, Pflanzen und Leckereien aus der Kombüse – ein Traum von einem Hausboot. Unter Deck wird geschmökert, auf dem Sonnendeck gechillt.)

LA VILLETTE

Im Osten viel Neues

Seit über 150 Jahren ist das 19. Arrondissement ein Schmelztiegel der Kulturen. Durch Haussmanns Abrissarbeiten Vertriebene siedelten sich neben Einwanderern aller Kontinente an, die in den Fabriken entlang der Kanäle ihren oft armseligen Lebensunterhalt verdienten. Seitdem auf dem Gelände des Schlachthofs, wo früher Tausende schufteten, die Cité des Sciences eingeweiht wurde, ist das Quartier im Wandel und zieht eine alternative, urbane Klientel an. Rund um das Bassin de la Villette sind Künstlerateliers, Studentenwohnungen und angesagte Cafés und Kneipen entstanden.

Mit der Metro über unseren Köpfen und dem Canal Saint Martin unter unseren Füßen starten wir am Stalingrad-Platz unseren Spaziergang durch den Pariser Osten. Rundum erinnern trutzige Mauern an die Fortifikation von Paris, zu der auch die neoklassizistische 1 **Rotonde** von Claude Nicolas Ledoux gehörte. Sie ist eine der vier erhaltenen Zoll-Barrieren der Mauer der Generalpächter. Heute ist der Rundbau von 1788 fest in der Hand der Gastronomen.

Ein paar Meter weiter treffen der Kanal und das 2 **Bassin de la Villette** zusammen. Wer mit einem der Ausflugsboote über die Kanäle schippert, kann das Schleusen haut-

Rotonde de la Villette

8 LA VILLETTE

Schleuse zum Bassin de la Villette

nah erleben. Von einer kleinen Brücke am Quai de la Loire ist das Schauspiel auch von oben zu beobachten. Den Bau der Kanäle hatte Napoleon 1802 angeordnet, um durch die Abkürzung der Seineschleifen den Warentransport per Schiff nach Paris zu beschleunigen. Außerdem bezweckte er eine bessere Versorgung der Hauptstadt mit Trinkwasser, dafür ließ er bis 1808 das Bassin de la Villette ausheben. Mit der Fertigstellung der Kanäle 1825 wurde hier ein Frachthafen eingerichtet. Unweit der neuen Wasserstraße nahmen um 1850 Nord- und Ostbahnhof den Betrieb auf, ein Grund mehr für Unternehmer, ihre Fabriken im Pariser Osten zu bauen.

Eine Plakette am Kanalwärterhäuschen erinnert an die Belagerung im Ersten Weltkrieg. Hier schlug am 23. März 1918 die erste deutsche Granate ein.

Am Beginn des Quai de la Seine steht ein Backsteinhaus von 1882, in dem die Kanalverwaltung ihren Sitz hatte. Seit 2017 wird das **Maison des Canaux** von einem Verein verwaltet, der sich für Nachhaltigkeit und Wiederverwertung einsetzt und den Bau auch mit recycelten Materialien renoviert hat. Bei pädagogischen Angeboten und Führungen durch das Haus kann man sich vom Ideenreichtum der Akteure überzeugen.

Direkt dahinter liegt eine langgestreckte Halle, die auf der anderen Seite des Bassins ein Gegenstück hat. Beide sind Überbleibsel der Weltausstellung 1878. Aus der Maschinengalerie auf dem Marsfeld entstanden entlang des Wassers ursprünglich zwölf 3 **Lagerhallen.** Die noch erhaltenen Pavillons werden seit einigen Jahren als **MK2-Kinos** genutzt.

Ein Stück weiter auf der Promenade kommt man zum **Anleger** von AKWA. Dort kann man verschiedene Elektroboote mit blauem Baldachin mieten und über den Kanal sogar bis vor die Tore der Stadt tuckern. Die Ausflugsschiffe ankern dagegen auf der anderen Seite am Quai de la Loire. Dorthin nehmen wir jetzt die Passerelle, von der man einen

KIEZ Kanal

schönen Blick über das Wasser und sogar bis zum Eiffelturm hat.

In Paris Currywurst, Spätzle und Brezeln gefällig? Bei Nr. 90 servieren die Macher des „ersten Pariser Biergartens" in ihrer Dependance **KIEZ Kanal** das Kontrastprogramm zu Boeuf Bourguignon oder den angesagten Bowls. Dazu kann man diverse deutsche Biere ordern, die sich nicht nur bei Expats und deutschen Touristen einer wachsenden Beliebtheit erfreuen.

Während „Paris Plage" im Sommer kann man zu Füßen der Passerelle in der größten künstlich angelegten Wasserfläche von Paris auf Tauchgang gehen.

Hinter dem Trafohäuschen, an dem sich immer wieder neue Streetart-Künstler verewigen, steht ein ehemaliger 4 **Getreide- und Zuckerspeicher** mit zwei Hallen. Bereits um 1850 existierten beidseits des Quais identische Lagergebäude, die 1884 erneuert wurden. Noch bis 1974 genutzt, richteten später Künstler dort ihre Ateliers ein. Der erhaltene historische Speicher wurde zum Studentenwohnheim der Cité Universitaire umgebaut. Außerdem betreibt dort die in Pantin produzierende Panam Brewing Company einen großen Ausschank für ihre Craft-Biere. Das Pendant auf der anderen Seite des Canals war 1990 abgebrannt. Der moderne Bau von Chaix & Morel stellte 2008 wieder die Symmetrie am Kanal her. Das Aluminiumnetz an der Fassade greift die

Speichergebäude, heute Jugendherberge und Studentenunterkünfte

Hubbrücke Rue de Crimée

Wellenbewegung und das Glitzern des Wassers auf. Der Bau wird von einem Budget-Hotel, einem Hostel und Gastronomie genutzt.

Die historischen Speicher waren durch eine Holzbrücke verbunden, die während der Pariser Commune 1871 in Flammen aufging. Brückenspezialist Edmont Humblot entwarf 1885 eine neue 5 **Hubbrücke,** bei der die Fahrbahn erstmals hydraulisch in die Höhe befördert werden konnte. Mittlerweile ist sie die letzte ihrer Art in Paris. Heute unterbricht kein Brückenwärter mehr den Verkehr, der Hubprozess wird zentral von einem Posten am Canal Saint Denis gesteuert. Während Autos warten müssen, wenn ein Schiff den Bereich passiert, können Fußgänger über eine höhere Passerelle ans andere Ufer gelangen. Von oben lässt sich das Schauspiel wie aus einer Loge betrachten, das durch die großen Umlenk-Rollen für die Seile ein reizvolles Fotomotiv abgibt.

Gegenüber dem ersetzten Speicher am Quai de l'Oise liegt ein kleiner Garten, der an die Pfarrkirche **Saint-Jacques Saint-Christophe** grenzt. Der neoklassizistische

Bau wurde 1844 geweiht. Hinter der Kirche ist donnerstags und sonntags Markt.

Nach der Hubbrücke geht es jetzt auf der schmalen Rue de Crimée einen halben Kilometer hügelan. Bei Nr. 93 schlüpfen wir durch das kleine Tor und stehen in einem verträumten Hof, der bis 1918 einer lutherischen Gemeinde gehörte. Pfarrer Friedrich von Bodelschwingh hatte um 1850 eine neugotische Kirche für deutsche Gastarbeiter errichten lassen. Seit 1925 ist hier das Institut 6 **Saint-Serge** beheimatet, an dem man orthodoxe Theologie auf Hochschulniveau studieren kann. Über dem Institut liegt der Kirchenraum, der mit seiner Ikonenwand nur zum Gottesdienst geöffnet wird. Zu den Umbauten im russischen Stil gehören auch die Holztreppe mit den Verteidigern des orthodoxen Glaubens und der Anbau für die Glocken mit dem Zwiebeltürmchen.

Wieder vor dem Tor geht es nur ein kleines Stück bis zur nächsten Kreuzung aufwärts. Wir folgen damit dem Wasser vom Bassin de la Villette hinein in den 7 **Parc des Buttes-Chaumont.** Bis zur Eingemeindung 1860 wurde aus dem „kahlen Berg“ noch Gips als Baumaterial für die Hauptstadt zu Tage gefördert. In bereits aufgelassenen Teilen hatte sich „allerhand Gesindel“ eingenistet, die ganze Gegend war schon seit Jahrhunderten in Verruf. Nur wenige Minuten unterhalb war im Mittelalter ein monströser, dreistöckiger Galgen gemauert worden. Wäh-

Saint-Serge

Sibylle-Tempel im Parc des Buttes-Chaumont

DER KLEINE GÜRTEL

Kurz nach der Eingemeindung der Außenbezirke 1860 wurde der Eisenbahnring parallel zur letzten Pariser Stadtmauer geschlossen. Bis 1990 ratterten Güterzüge über diese Strecke, der Personenverkehr war bereits 1934 eingestellt worden. Nur teilweise zurückgebaut lebt die Trasse mit geheimnisvollen Tunneln und den alten Gleiskörpern noch als romantischer Spazierweg oder Kleingartenparadies weiter. Etliche Bahnhofsgebäude des Petite Ceinture wurden zu Bistros und Clubs umfunktioniert.

rend der Glaubenskriege im 16. Jahrhundert vermoderten dort einmal 80 Abtrünnige gleichzeitig. Napoleon III. hatte sich in den Kopf gesetzt, die Mondlandschaft zu kultivieren und ließ Ingenieur Jean-Charles Alphand daraus einen anmutigen Park modellieren. Zusammen mit Gartenplaner Jean-Pierre Barillet-Deschamps und Architekt Gabriel Davioud befehligte er ein Heer aus Arbeitern und Gärtnern, die sprengen, aufschütten, mauern, graben und pflanzen mussten. Trotz einiger Widrigkeiten waren sie zur Weltausstellung 1867 mit ihrem Meisterstück fertig. Seitdem ist der

Parc des Buttes-Chaumont

25 Hektar große Volkspark im englischen Stil eine der beliebtesten Grünoasen der Stadt.

Ein paar Meter vom Garteneingang nach links kann man auf die Gleise des **Petite Ceinture** hinunterschauen.

Wieder zurück halten wir uns rechts und pirschen uns über die Avenuen Michal und Alphand an den Teich im Parkinneren heran. Über Eiffels Hängebrücke schwingen wir zur Insel mit dem kleinen **Sibylle-Tempel** hinüber. Davioud hatte ihn dem antiken Rundtempel von Tivoli nachempfunden. Von dort bietet sich ein schöner Blick über die Dächer bis zum Montmartre, besonders zauberhaft in den Morgenstunden. Über die Seufzerbrücke überqueren wir in luftiger Höhe den See. Weil sich um 1890 mehrere Lebensmüde in die Tiefe stürzten, wird sie nur noch „Selbstmörderbrücke“ genannt.

Mouzaïa-Viertel

Zurück an Land machen wir noch einen Abstecher ans Wasser, um die Grotte und den künstlich angelegten Wasserfall zu sehen. Danach schlendern wir über die Avenue de la Cascade dem südöstlichsten Ausgang zu. Wer mag, macht noch Rast im kleinen Gartenlokal Rosa Bonheur. Am Ausgang nehmen wir leicht links die Rue du Général Brunet, um gleich nach rechts in die Rue Compans abzubiegen. Ausgerechnet gegenüber den fantasielosen Hochhäusern an der Rue de Bellevue versteckt sich einer der idyllischsten Winkel von Paris. Die Gässchen von 8 **Mouzaïa** gehören zu einer ab 1880 gebauten Arbeitersiedlung im Steinbruch. Wegen des ausgehöhlten Untergrunds konnten die kleinen Katen nicht aufgestockt werden und die Gartenkolonie bewahrte ihren Charakter.

Ungeachtet ihrer Winzigkeit tragen einige Gassen große Namen: Émile Loubet, Sadi Carnot und Félix Fauré sind frühere Staatspräsidenten.

Nach Belieben kann man hier ein Sträßchen nach dem anderen durchstromern, an Glyzinien und Jasmin schnuppern, eine Katze streicheln und über manchen Gartenzaun linsen. Über die Villa de Bellevue und die Villa du Progrès wandern wir schließlich nach Norden weiter. Dort treffen drei Straßen, benannt nach den Forderungen der Revolution, aufeinander, die Rue de la Fraternité bringt uns zur **Place de Rhin et Danube.** Inmitten des Rondells schaut die Personifikation der Ernte von ihrem Tagwerk auf, eine Erinnerung an die Mühlen des früheren Dorfes.

Beim Restaurant Danube geht es hügelabwärts bis zur Rue Manin, die uns nach rechts zum Kanal zurückbringt. An der Place du Général Cochet nehmen wir den schmalen Pfad Sente des Dorées. An dessen Ende öffnet sich vor uns das Areal des **Parc de la Villette.** 1867 wurde dort der neue Generalschlachthof eröffnet, in dem bis zu 12.000 Metzger beschäftigt waren. Aus der Zeit gefallen wurde der Schlachthof 1974 geschlossen. Das 50 Hektar große Areal wurde Bernard Tschumi als Experimentierfeld der Stadtplanung anvertraut. Er wollte keinen typischen Park, sondern Freizeitanregungen schaffen. Deshalb hat er 14 Themengärten und seine 26 leuchtendroten „Verrücktheiten" integriert, die sich unterschiedlichen Aktivitäten widmen.

Im Zentrum des weitläufigen Platzes können wir erst einmal die Füße ins Wasser halten. Pierre Simon Girard, Chefingenieur des Ourcq-Kanals, hatte den **Brunnen mit**

Grande Halle mit Löwenbrunnen

Philharmonie de Paris

den nubischen Löwen ursprünglich für die Place de la République geplant. 1869 zog die mehretagige Fontäne als Tiertränke hierher zum Viehmarkt um. In der schmiedeeisernen 9 **Grande Halle** wurden ab 1867 Ochsen verkauft. Heute finden in dem Bau von Baltard-Schüler Mérindol Ausstellungen statt. Rechts des Brunnens befindet sich die von Christian de Portzamparc entworfene Cité de la Musique, deren Konzertsaal 1995 eingeweiht wurde. Parallel hat er das Konservatorium auf der linken Seite entworfen, in dem rund 1300 Studenten musisch und tänzerisch ausgebildet werden. Die historische Auktionshalle des Tiermarktes daneben wurde 1972 als Theater umgebaut. Im Pendant auf der rechten Seite, der nach dem Architekten des Schlachthofs benannte Pavillon Janvier, ist das Infozentrum des Geländes untergebracht.

Von dort gelangen wir über die Allée du Zénith zur 10 **Philharmonie,** die 2015 eingeweiht wurde. Stararchitekt Jean Nouvel hat hinter der extravaganten, mit 340.000 Aluminiumvögeln verkleideten Fassade den größten Konzertsaal der Stadt mit 2400 Plätzen untergebracht. Fassade und Umgebung sind am besten vom 37 Meter hohen Belvedere zu sehen. Im Zénith am Ende der Allee treten Pop- und Rockstars schon seit 1984 auf. Eigentlich nur ein Provisorium wurde die Halle wegen ihrer Zweckmäßigkeit mittlerweile in anderen französischen Städten nachgebaut.

8 LA VILLETTE

Cité des Sciences mit der Géode

Club im Bahnhof: „La Gare – Le Gore"

Die Allée du Belvédère führt uns zum Dünengarten, der mit seinen Spielgeräten und Nebelanlagen für Kinder das absolute Highlight ist. Von der Brücke über den Canal de l'Ourcq kann man rechts bis zu den Mühlen von Pantin sehen, links überblickt man den Kreuzungspunkt des Bassins de la Villette mit den Kanälen Ourcq und Saint Denis. Von der Brücke aus geht es geradewegs zur ⑪ **Géode** von Adrien Fainsilber, dem Wahrzeichen des Areals. Die 36 Meter hohe Kugel ist mit knapp 6500 sphärischen Dreiecken verkleidet. Durch die Spiegelungen ist das 3D-Kino mit 180-Grad-Leinwand ein Lieblingsmotiv der Fotografen. Neben der Géode erwartet das U-Boot Argonaute kleine und große Abenteurer. Bis 1984 war es bei der Marine in Toulon im Einsatz.

Trasse des Petite Ceinture in La Villette

Die frühere Verkaufshalle des Schlachthofs hat Fainsilber in ein Wissenschaftsmuseum verwandelt. Seit 1986 gehört die ⑫ **Cité des Sciences et de l'Industrie** mit jährlich rund 2 Millionen Besuchern zu den Top 5 der französischen Museen. Parallel zum Canal Saint Denis und seiner Schleuse spazieren wir zum nördlichen Ausgang des Parks. Im Pavillon Villette, dem früheren Domizil der Veterinäre, finden heute Konzerte und Aufführungen statt.

Auf der Avenue Corentin-Cariou überqueren wir noch einmal den Kanal stadteinwärts. Am Eckhaus Nr. 7 erinnert noch ein Stier daran, was hier frisch geschlachtet auf den Teller kam. Vor der Eisenbahnbrücke des ⑬ **Petite Ceinture** finden wir die Metrostation Corentin-Cariou. Zuvor lohnt noch ein Abstecher rechts hinauf zum früheren Bahnhofshäuschen. Tagsüber trifft sich hier die Szene zum Reden und Chillen, abends finden oft Konzerte statt. Wer noch Auslauf braucht, kann den Gleisen noch ein ordentliches Stück nach Norden folgen.

9

START: Eingang Parc Kellermann, 19, Rue de la Poterne des Peupliers, 75013 Paris
ZIEL: Metrostation Gare d'Austerlitz
LÄNGE: ca. 7 Kilometer
DAUER: ca. 3 Stunden
ÖPNV: Metrostation Porte d'Italie; am Ziel: Metrostation Gare d'Austerlitz
PARKEN: Zenpark Avenue d'Italie, 178 bis Avenue d'Italie, 75013 Paris

UNTERWEGS ENTDECKT

1. Parc Kellermann
2. Rue Dieulafoy
3. Square des Peupliers
4. Piscine de la Butte-aux-Cailles
5. Rue de la Butte-aux-Cailles
6. Rue des Cinq Diamants
7. Sainte-Anne
8. La Petite Alsace
9. Square René-Le Gall
10. Gobelinmanufaktur
11. Château de la Reine Blanche
12. Rue Mouffetard
13. Grande Mosquée de Paris
14. Jardin des Plantes
15. Gare d'Austerlitz

ESSEN + TRINKEN

Chez Nathalie, 45 Rue Vandrezanne, 75013 Paris, Tel. +33 (1) 45 80 20 42, cheznathalie.fr
(Das kleine Lokal mit regelmäßig wechselnder Karte – fast ein bisschen zu chic für das Szeneviertel – liegt etwas abseits des Rummels. Besonders charmant ist es auf der Terrasse.)

Restaurant La Mosquée, 39 Rue Geoffroy-Saint-Hilaire, 75005 Paris, Tel. +33 (1) 43 31 38 20, la-mosquee.com
(Ob man mittags auf eine Tajine oder nur für einen Tee mit Minzblättern vorbeikommt, es ist immer eine kleine Reise in die Welt von 1001 Nacht.)

ENTLANG DER BIÈVRE

Auf der Spur des vergessenen Flusses

Kaum jemand weiß, dass Paris nicht nur an der Seine liegt. Jahrhundertelang plätscherte die Bièvre durch die südliche Île de France, bevor sie nach rund 35 Kilometern östlich der Cité-Insel in die Seine mündete. Mit der Bièvre ist die Geschichte der weltbekannten Gobelinmanufaktur verbunden, die niederländische Teppichweber 1601 auf Geheiß Heinrich IV. vor den Toren des damaligen Paris gründeten. Den Namen haben Stadtviertel und Tapisserie-Weberei von Scharlachfärbern entlehnt, die um 1450 an der Bièvre arbeiteten. Für den Betrieb von Wassermühlen wurde das Flussbett nach Osten verlegt. Als Ludwig XIV. Gerber und Färber ab 1672 aus Paris vertrieb, wurde die Bièvre immer mehr zur stinkenden Kloake, die im 19. Jahrhundert aus dem Stadtbild verschwand. Heute erinnern Bronzeplaketten im Straßenpflaster an den biberbraunen Fluss.

Wir begegnen der Bièvre das erste Mal im 1 **Parc Kellermann,** welcher 1937 am Südrand der Stadt angelegt wurde. Dorthin weisen uns die „Rochers dans le Ciel" von Didier Marcel als steinerne Wolken den Weg in den vom französischen Stil beeinflussten oberen Gartenteil. Daran schließt sich ein weitläufiger Part im englischen Stil an, in den Reste der letzten Pariser Stadtbefestigung integriert wurden. Entlang eines Wasserfalls steigen wir in den tieferliegenden Teil des Gartens mit seinen kleinen Teichen hinab, der dem historischen Bett der Bièvre entspricht. Oberhalb des Fußballplatzes spazieren wir zum Ausgang an der Rue Keufer, die uns zum Boulevard Kellermann zurückbringt. Dort nehmen wir jenseits der Tram die Rampe nach links und folgen ein kurzes Stück den Gleisen der Petite Ceinture bis zur Rue de l'Interne Loeb.

Parc Kellermann

Rue Dieulafoy

Nach einem kleinen Schlenker an der halbkreisförmigen Place Jean Delay nach rechts treffen wir auf die gepflasterte **2 Rue Dieulafoy.** Mit ihren pastellfarbenen Häuschen, spitzen Schieferdächern und grünen Vorgärten gehört sie zu den kleinen Paradiesen des 13. Arrondissements. Am Ende der Straße geht's nach rechts, um gleich in die Rue du Moulin des Prés mit ihren Muschelkalkhäusern wieder abzubiegen. Schon um 1500 stand eine Mühle am Ufer des neuen Hauptarms der Bièvre. Eine Plakette an der Kreuzung zur Rue Henri-Pape markiert ihre Position. Im Zuge des Stadtumbaus unter Haussmann wurde die Mühle abgerissen und der alte Flusslauf überbaut.

Square des Peupliers

Heute ist das Straßenniveau rund 20 Meter höher. Der fragile Untergrund erlaubte nur kleine Häuser, die den bei Nr. 68 abgehenden **3 Square des Peupliers** zu einem Kleinod des Quartiers machen. Nach der Runde durch die drei verwunschenen Gassen geht es zurück zur Rue du Moulin des Prés. Sie führt uns ins Szene-Viertel Butte-aux-Cailles, eine Hochburg der Streetart in Paris. Nach links über die Rue du Moulinet erreichen wir die charmante Place Paul Verlaine mit dem Eingang zum denkmalgeschützten 4 **Piscine de la Butte-aux-Cailles.** Mit seiner Jugendstilfassade wurde es 1924 als eine der ersten öffentlichen Badeanstalten in Paris errichtet. Hinter den Backsteinmauern verbirgt sich eine lichte Betonkonstruktion, die das innere Art-déco-Schwimmbecken überspannt. Ein **artesischer Brunnen** auf dem Platz fördert unermüdlich 28 °C warmes Wasser aus 600 Metern Tiefe und speist sogar im Winter Innen- und Außenbecken. Am Brunnen trifft sich das halbe Viertel, um das eisen- und schwefelhaltige Wasser in Kanister abzufüllen. Der Vorgängerbrunnen versorgte schon im 19. Jahr-

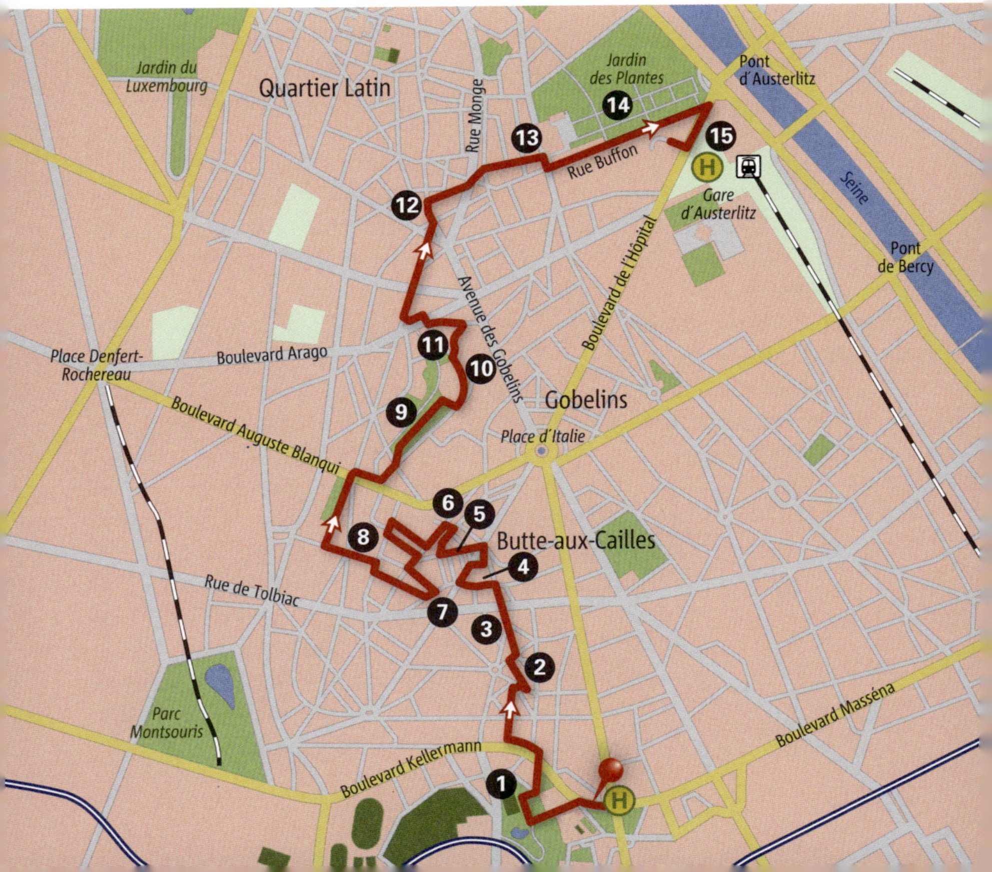

9 ENTLANG DER BIÈVRE

Place Paul Verlaine, artesischer Brunnen

hundert die Bevölkerung, als das Wasser der Bièvre durch die Gerbereien ungenießbar wurde.

Jetzt spazieren wir auf die Hauptachse des Quartiers, die ⑤ **Rue de la Butte-aux-Cailles.** Gemeint ist damit nicht der „Hügel der Wachteln“ – benannt ist das Viertel nach Pierre Caille, der hier um 1550 einen Weinberg besaß. Die belebte Straße säumen kleine Geschäfte und urige Kneipen. Zweifellos die berühmteste Adresse ist das „Le Temps des Cerises“, das als Kooperative geführt wird. Der Name ist eine Anspielung auf den Frühling 1871, wo zur „Kirschenzeit“ das Volk in der Pariser Commune die Geschicke der Stadt in eigene Hände nahm.

Direkt hinter der Kneipe geht es rechts in die Rue Sanson, danach links in die Rue Jonas. An der Ecke zur ⑥ **Rue des Cinq Diamants** treffen wir auf die berühmten Stencils von Miss.Tic, die an der Fassade des baskischen Lokals Chez Glandines immer wieder Frauenporträts und feministische Sprüche verewigt hatte.

Die Pionierin der Streetart-Szene hatte auf der Butte-aux-Cailles ihr Atelier, in den Straßen des Viertels findet sich noch oft ihre Signatur.

Bei Nr. 46 haben die „Amis de la Commune 1871“ ihr Domizil. 1882 von früheren Kommunarden gegründet ist es die älteste Arbeiterorganisation Frankreichs. Die zweite Tangente des Viertels mündet auf die dreiseitige Place de la Commune de Paris, die mit ihren ständig neuen Wandbildern und der Wallace-Fontaine eine Mischung aus Dorfanger und Streetart-Galerie ist. Bereits seit einigen Jahren unangetastet ist das Graffito der fliegenden Kinder von Seth Globe-Painter. In den 90er-Jahren begann er in den Straßen von Paris mit Sprühdose und Pinsel zu arbeiten. Mittlerweile existieren von dem prominenten Straßenkünstler monumentale Bilder auf allen Kontinenten. An der Südseite des Platzes führt die schmale Rue Buot mit ihren alten Laternen hügelabwärts. Hier kann man weitere Bilder von Seth finden, darunter das Mädchen mit der ukrainischen Flagge.

Am Ende der Straße treffen wir auf die Kirche 7 **Sainte-Anne** mit ihrer markanten Kuppel. Der neoromanisch-neobyzantinische Bau wurde um 1900 auf einer Aufschüttung über dem Bièvre-Bett errichtet. Das nächste Gässchen rechts, die Rue Michal, stapfen wir jedoch wieder hügelaufwärts. Einmal rückwärts geblickt geben die Kirche und die kleinen Häuser ein reizvolles Fotomotiv ab.

Am Ende der Straße steuern wir die frühere Hochschule für Telekommunikation an. An der Ostseite des Backsteinbaus biegen wir in die Rue Daviel ab, in der uns zwei 1912 angelegte Oasen erwarten. Die Villa Daviel linker Hand ist eine für die Pariser Randbezirke typische Gartenstraße, die mit dem alten Pflaster und den grünen Vorgärten ein pittoreskes Bild bietet. Direkt gegenüber versteckt sich 8 **La Petite Alsace,** eine der hübschesten Arbeitersiedlungen der Hauptstadt. Mit etwas Glück

Hommage an Miss.Tic

Rue Buot

Petite Alsace

kann man einen Blick in den von rund 40 bunten Fachwerkhäusern umstandenen Innenhof werfen, in dem man völlig vergessen kann, in Paris zu sein. Die Nordseite überragen die 19 Spitzdächer von La Petite Russie. Ein Taxiunternehmer hatte direkt auf seiner Garage Wohnungen für seine Fahrer gebaut, von denen etliche nach der Revolution 1917 aus Russland geflohen waren. An den Tagen des Kulturerbes oder offener Ateliers gibt es die Möglichkeit, das kleine Paradies mit seinem fantastischen Ausblick zu ergründen.

Rue de Croulebarbe

Die Rue Daviel führt auf eine Kreuzung mit dem Temple Antoiniste, den eine aus Belgien stammende, etwas obskure Glaubensgemeinschaft 1913 errichtet hatte. Gegenüber lässt es sich in der Lagerhalle von Pourquoi Pas nach Herzenslust in Kunst, Kitsch und Antiquitäten stöbern. Noch ein paar Meter weiter biegen wir vor einem Supermarkt rechts in das Innere eines Wohnkomplexes aus den 1970er-Jahren ab und gelangen zu einer grünen Promenade, der **Mail de Bièvre.** Momentan kann man hier durch verschiedene Gärten und einen Lehrgarten flanieren, eine Initiative möchte jedoch hier die Bièvre wieder freilegen. Am Ende der Promenade hatte die Bildhauerin Camille Claudel eine Atelierwohnung am Boulevard August Blanqui.

Unter der Hochbahn geht es auf die andere Seite des Boulevards. Nach ein paar Metern nach rechts folgen wir der Ausschilderung zum 9 **Square René-Le Gall,** an dessen Eingang wieder eine Plakette an die Bièvre erinnert. Der frühere Gemüsegarten für die Arbeiter der nahen Gobelinmanufaktur wurde links und rechts von den Armen des Flüsschens gesäumt. Auf dieser Insel siedelten sich im 19. Jahrhundert zahlreiche Vergnügungslokale an, da in dem früheren Vorort Saint-Marcel bis zur Eingemeindung 1860 keine Weinsteuer gezahlt werden musste.

Die vom Wasser umgebene Amüsiermeile wurde „Affeninsel" genannt, da Gaukler zur Volksbelustigung Affen herumspringen ließen.

Der untere Teil des heutigen Parks ist mit seinem Rosengarten im Geschmack der 30er-Jahre angelegt, oberhalb der Treppenanlage folgt eine Erweiterung dem alten Flussbett. Hier wird gepicknickt, gekickt und in einem Gemeinschaftsgarten gejätet und geerntet.

Rosengarten im Square René-Le Gall, dahinter Mobilier National

9 ENTLANG DER BIÈVRE

Galerie der Gobelinmanufaktur

Östlich des Flusses gründete Colbert 1662 die königliche ⑩ **Gobelinmanufaktur,** die heute zum Nationalen Mobiliarinstitut gehört. Im 1934 errichteten Betonbau von Auguste Perret am Beginn der Rue Berbier du Mets werden die berühmten Tapisserien aufbewahrt. Im Trottoir gegenüber stolpern wir wieder über einen Hinweis auf den kleinen Fluss, der hier die heutige Straße säumte. Ein paar Häuser weiter stoßen wir auf die historischen Gebäude der Manufaktur mit der Chapelle Saint-Louis, deren Apsis aus der Häuserzeile herausragt. Der Haupteingang befindet sich neben dem Galeriebau am Boulevard des Gobelins. Heute arbeiten die Meister in den Werkstätten ausschließlich für den französischen Staat, mittwochs kann man ihnen bei Führungen auf die Finger schauen.

Château de la Reine Blanche

Hinter der Manufaktur nehmen wir die Rue Gustave Geffroy und gelangen zum ⓫ **Château de la Reine Blanche.** Der Name erinnert an den Witwensitz der Königin Marguerite de Provence, die sich nach dem Tod von Ludwig IX. in weiße Trauergewänder hüllte. Später wohnte hier die Tochter der beiden, Prinzessin Blanche. Um 1400 wurde das Anwesen abgerissen, rund 50 Jahre später hatten dort die Brüder Gobelin Wohnhaus und Werkstatt am Ufer der Bièvre. Der heutige Renaissancebau aus dem 16. Jahrhundert wurde in Wohnungen aufgeteilt, im Sommer sind Besichtigungen der historischen Mauern möglich. Beim Umrunden treffen wir in der Rue des Gobelins bei Nr. 17 und 19 auf rückwärtige Teile des Château. Die beiden gotischen Steinhäuser stammen noch aus dem 15. Jahrhundert und gehören zu den ältesten der Stadt.

Zu sympathischen Botschaftern des Quartiers sind die „Gobelins-Bären" geworden, die mittlerweile in der ganzen Stadt in den Schaufenstern auftauchen.

Ein paar Schritte weiter bildet der Boulevard Arago die Grenze zum 5. Arrondissement. Eine Plakette vor Nr. 12 bestätigt uns wieder den Lauf der Bièvre. Wir folgen ihr über die Rue Pascal, in der wir vor Nr. 3 und Nr. 1 nochmals Hinweise im Pflaster finden.

Über die hübsche Place Georges Moustaki ist es nur ein Katzensprung zum Markttreiben auf der ⓬ **Rue Mouffetard.** Der „müffelnde" Name erinnert an das nach Gerbereiabfällen stinkende Gewässer, das etwas südlich der Rue Censier und der Saint-Médard-Kirche zur Seine floss. Der spätgotische Bau wurde an der Stelle einer Vorgängerkirche um 1450 begonnen, rund 200 Jahre später wurden erst die Seitenschiffe ergänzt. Ungefähr zur gleichen Zeit wurde ein Geschäftshaus gegenüber der Kirche errichtet, dessen Fassade durch ein Sgraffito auffällt. Die Technik, das Motiv aus der Farbschicht herauszukratzen, entstand in der Renaissance in Italien. Mit den Tierdarstellungen

Bären von Gobelins

Rue Mouffetard

Grande Mosquée

warb ein italienischer Metzger jedoch erst um 1930 für seinen Laden.

Wir verlassen die quirlige Straße über die schmale Rue Daubenton, die hinter der Rue Monge weiter bis zur ⓭ **Grande Mosquée de Paris** führt. Die älteste Moschee Frankreichs wurde als Zeichen der Dankbarkeit für 70.000 im Ersten Weltkrieg gefallene Muslime errichtet und 1926 eingeweiht. Hinter ihren schneeweißen Mauern im spanisch-maurischen Stil versteckt sich ein duftender Garten, ein kleines Paradies auf Erden. Am Ende des Moscheegeländes treffen wir auf die Anlage des ⓮ **Jardin des Plantes,** dessen Grünanlagen uns hinter den großen Galerien des Naturkundemuseums erwarten. Vor 400 Jahren als königlicher Kräutergarten gegründet kann man auf den Beeten und in den Gewächshäusern Pflanzen aller Kontinente bestaunen. Außerdem sind die Zootiere der Ménagerie nicht nur bei Kindern sehr beliebt.

Durch das Grün gelangen wir bis zum Seineufer auf Höhe des ⓯ **Gare d'Austerlitz,** aktuell ein Großprojekt des Stadtumbaus. Dort treffen wir auch wieder mit der Bièvre zusammen, die am südlichen Rand des Gartens unter den Hinterhöfen der Rue Buffon hindurchgluckert. Den letzten Hinweis auf ihren Lauf finden wir in der Rue Nicolas Houel. Die Bièvre mündet unbemerkt nördlich des Viaduc d'Austerlitz in die Seine.

Jardin des Plantes

10

START: Ausgang der Metrostation Pernety,
72 Rue Raymond Losserand, 75014 Paris
ZIEL: Metrostation Montparnasse–Bienvenue
LÄNGE: ca. 6,5 Kilometer
DAUER: ca. 2,5–3 Stunden
ÖPNV: Metrostation Pernety; am Ziel: Metrostation Montparnasse–Bienvenue
PARKEN: Zenpark Montparnasse-Château, 115 Rue du Château, 75014 Paris

UNTERWEGS ENTDECKT

1. Rue de Thermopyles
2. Cité Bauer
3. Villa d'Alésia
4. Saint-Pierre-de-Montrouge
5. Villa Adrienne
6. Place Denfert-Rocherau
7. Rue Daguerre
8. Atelierhaus Rue Campagne-Première
9. Montparnasse-Friedhof
10. Café du Dôme
11. Rue de la Grande Chaumière
12. Rotonde
13. Select
14. Coupole
15. Montparnasse-Hochhaus

ESSEN + TRINKEN

Bistrot des Plantes, 34 Rue des Plantes,
75014 Paris, Tel. +33 (1) 45 43 53 71
(Kreative Bistroküche serviert das liebevoll eingerichtete Lokal gerne auch auf der gemütlichen Terrasse.)

Café-Restaurant Rhodia, Musée Bourdelle, 18 Rue Antoine Bourdelle,
75015 Paris, Tel. +33 (9) 67 37 13 87, lerhodia-bourdele.fr
(Das Atelier des Bildhauers Bourdelle bewohnte seine Tochter Rhodia, deren Salon heute den Rahmen für das Museumscafé gibt.)

PLAISANCE UND MONTPARNASSE

Ruhe und Rummel im Schatten des Hochhauses

Wer um 1700 Paris nach Süden verließ, kam in eine Hügellandschaft mit Feldern, Mühlen und Gehöften. Damals deklamierten die Studenten der Sorbonne Gedichte über die Götter der Antike auf einem der Hügel, den man dann Mont Parnass nach dem Götterberg taufte. Auch nach der Eingemeindung 1860 und der folgenden radikalen Urbanisierung blieb Montparnasse ein Amüsierviertel, wo sich nach 1900 die Avantgarde in Restaurants und Bars traf. Der Kontrast von vergessenen Dorfstraßen und pulsierendem Leben ist geblieben und macht das 14. Arrondissement so spannend.

Auf in den Süden, nach Plaisance! Passend dazu werden wir vis-à-vis der Metrostation von einem Wandbild an die griechische Mittelmeerküste entführt. Doch nach einem kurzen Stück stadtauswärts auf der Rue Raymond Losserand ist es mit südländischer Quirligkeit schlagartig wieder vorbei. Nach der Nr. 85 biegen wir nach links auf einen alten gepflasterten Pfad, die ❶ **Rue des Thermopyles.** Der Glücksritter und Spekulant Alexandre Chauvelot hatte um 1830 Gelände ehemaliger Steinbrüche vor den Toren der damaligen Stadt erworben und nach einer Schlacht im alten Griechenland benannt. Noch nicht an Pariser Bauvorschriften gebunden, entstand eine Arbeitersiedlung mit dörflichen Strukturen und einfachen Häusern, die nach der Eingemeindung 1860 von Haussmanns Abrissbirnen übersehen wurden. Weil der durchlöcherte Untergrund keine weitere Ausbeutung des Baulandes zuließ, blieb der Charme

Rue des Thermopyles

Cité Bauer

der Gasse erhalten. Heute ist es einer der idyllischsten Orte der Stadt, der nichts mit seinem kriegerischen Namen gemein hat. Inmitten rankender Glyzinien kann man vergessen, in der französischen Hauptstadt zu sein.

Wir folgen dem Knick der Straße nach rechts in einen schmalen Durchgang zur ❷ **Cité Bauer.** Dort nach links gewandt stehen wir alsbald vor dem frisch restaurierten, wohl ungewöhnlichsten Portal von Paris. Das typische Szekler-Tor hat der aus Ungarn stammende Bildhauer Alexandre Sàndor Mezei 1959 geschaffen. Wie bei den traditionellen Toren seiner Heimat schnitzte er seine Gastfreundschaft ins Holz und hieß seine Besucher in Ungarisch und in Französisch willkommen. Durch den Square Alberto Giacometti kehren wir noch einmal zur Rue des Thermopyles zurück. Hier gibt es einen alternativen Gemeinschaftsgarten, wo seit den 90er-Jahren Ende Juni ein beliebtes Straßenfest stattfindet.

Auf der gegenüberliegenden Seite der Rue Didot stoßen wir auf eine weitere Grünanlage. Rechts davon geht's in die Rue du Moulin Vert.

In der Rue Hippolyte Maindron ist rechts das winzige Haus Nr. 46 zu sehen, in dem der Schweizer Bildhauer Alberto Giacometti sein Atelier hatte.

An der Rue des Plantes biegen wir nach Süden ab und blicken kurz links in die charmante Impasse du Moulin Vert. Zurück auf der Rue des Plantes kreuzen wir die quirlige Quartiertangente Rue d'Alésia und huschen ein Stück weiter links in die 1897 angelegte ❸ **Villa d'Alésia** mit ihren Atelierhäusern hinein. Im flachen Backsteinbau der Nr. 37/39 hatte Henri Matisse in den 30er-Jahren sein letztes Atelier in Paris, bevor er 1939 nach Nizza übersiedelte.

Am Ende der Gasse geht es nach rechts auf die Rue d'Alésia bis zur neoromanischen Kirche 4 **Saint-Pierre-de-Montrouge,** die von Émile Vaudremer kurz nach der Eingemeindung errichtet wurde. Ein Stück hinter dem Kirchenschiff, auf der Avenue du Général Leclerc, geht die Passage Rimbaut ab, ein kleiner Schleichweg als Überbleibsel des alten Dörfchens. Wir folgen jedoch der Geschäftsstraße, die bereits zur Römerzeit aus Paris herausführte.

Villa d'Alésia

Aufgepasst! Sobald sich die Gelegenheit bietet, schlüpfen wir bei Nr. 19 durch das schmiedeeiserne Portal. Dahinter verbirgt sich die private Wohnsiedlung 5 **Villa Adrienne,** die 1895

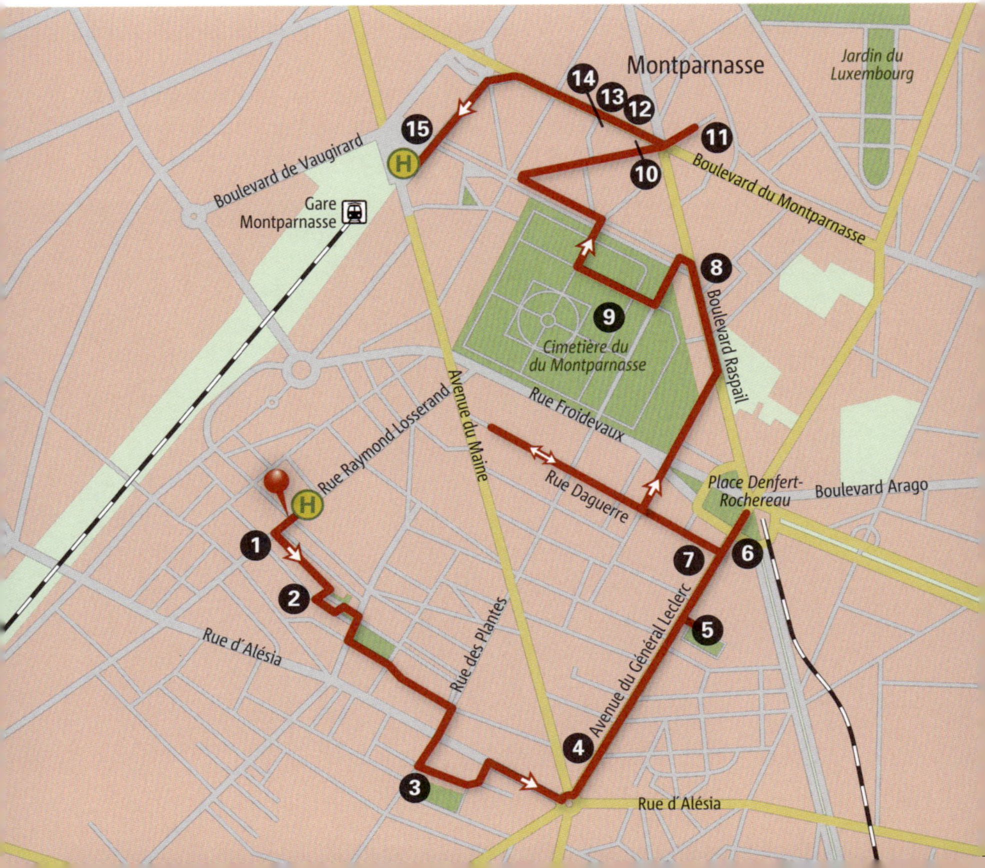

Saint-Pierre-de-Montrouge

von Adrienne Desmont angelegt wurde. Das grüne Geviert ist auf drei Seiten von Appartementblocks umgeben, deren Eingänge nach Künstlern und Wissenschaftlern benannt sind. Auf der Südseite stehen kleine Backsteinhäuser mit hohen Atelierfenstern, die ebenfalls historischen Berühmtheiten gewidmet sind.

Zurück auf der Straße entdecken wir an der Mauer des ehemaligen Hôpital La Rochefoucauld ein Wandbild des Künstlerpaars Evazésir, das sich mit der Medizinforschung auseinandersetzt. Davor können wir – unwürdig im Schatten eines Toilettenhäuschens – die Kopie eines Kilometersteins entdecken. In dem früheren Sanatorium von 1780 sollen nach einer Sanierung Wohnungen entstehen, auch die alten Alleen bleiben erhalten.

Wir folgen dem Boulevard bis zur 6 **Place Denfert-Rochereau.** Dort stehen noch die beiden Zollhäuser der „höllischen“ Barrière d’Enfer, die Ledoux für die Mauer der

Villa Adrienne

Rue Daguerre

Generalpächter 1787 errichtete. Im östlichen Pavillon steigt man hinab zu den 6 Millionen Toten in den Katakomben. Ludwig XVI. ordnete aufgrund verheerender Zustände 1780 die Schließung des Innocents-Friedhofs im Hallenviertel an. Bis ins 19. Jahrhundert wurden die Gebeine in die unterirdischen Stollen umgebettet. Das westliche Torhaus erzählt die Geschichte der Résistance und der Befreiung von Paris am 25. August 1944 durch General Leclerc. Bereits von Weitem ist Bartholdis Löwe in der Platzmitte zu erkennen, eine Kopie seiner riesigen Skulptur, die er nach dem Deutsch-Französischen Krieg 1870 für den Felsen der Zitadelle von Belfort geschaffen hat.

In der lebhaften Marktstraße verführen die Auslagen der Fisch-, Wein- und Käsehändler zum Probieren und die Straßencafés zu einer kleinen Rast.

Jetzt heißt es bei Nr. 4: Rein in den Trubel der 7 **Rue Daguerre,** der administrativen Grenze zu Montparnasse! In den „Verrückten Jahren" zwischen 1910 und 1930 versammelte sich die Bohème im nördlichen Teil des 14. Arrondissements, das seitdem als Künstlerviertel gilt.

Die Rue Daguerre ist eine Straße der Künstler. Alexander Calder kam 1926, seinem ersten Pariser Jahr, ein paar Monate in einem billigen Hotelzimmer in Nr. 22 unter. Der „Zöllner" Henri Rousseau war 1905 in der Nr. 44 zu Hause. Bei

Nr. 63 versteckt sich hinter dem Holztor ein gepflasterter Hof einer früheren Arbeitersiedlung, die **Cité Artisanale.** Dort arbeitete der griechische Künstler Takis 25 Jahre lang bis 1992 an seinen kinetischen Skulpturen. Einen Blick in Hof und Ateliers kann man bei Ausstellungen werfen. Schräg gegenüber der Cité zweigt die kleine Rue Roger ab, wo der Bildhauer César in Nr. 10bis sein Atelier hatte. Seine Räume sind heute bei Ausstellungen der dortigen Galerie zugänglich. Am längsten war die Filmemacherin Agnes Varda mit der Rue Daguerre verbunden, sie lebte fast 70 Jahre in ihrem kleinen Haus Nr. 86. Gegenüber bei Nr. 83 hatte die „Großmutter der Nouvelle-Vague" ihr Studio, wo sie ihrer Straße mehrfach ein filmisches Denkmal setzte.

Atelierhaus Césars

Zurück bei Nr. 26 biegen wir ab in die Rue Boulard. Im Buchladen La Petite Lumière findet man Lektüre zu den Künstlern von Montparnasse. An der Ecke zur Rue Froidevaux steht ein Jugendstilgebäude von Leon Boucher, dessen Fassade im Stil der Wiener Sezession an Klimts Mosaike erinnert. Weiter geradeaus führt die **Rue Victor Schoelcher** am östlichen Rand des Friedhofs Montparnasse vorbei. In Nr. 11 verbrachte die Schriftstellerin Simone de Beauvoir die letzten 30 Jahre, ihr Counterpart Jean Paul Sartre zog 1962 nur eine Straße weiter. Im Art-déco-Gebäude Nr. 5 ist der Hauptsitz der Giacometti-Stiftung, die hier das schlichte Atelier des Bildhauers nachgebildet hat. Picasso malte dagegen tatsächlich von 1913 bis 1916 im Anbau Nr. 5.

Die Straße mündet auf den **Boulevard Raspail.** Gleich links in Nr. 266 ist der Sitz der Architektur- und Designschule Camondo, an der Stardesigner Philippe Starck und Architekt

Fondation Cartier

Jean-Michel Wilmotte ausgebildet wurden. Im Areal ist auch die etablierte Architekturhochschule ESA untergebracht, an der der Meister der Avantgarde Robert Mallet-Stevens bis 1906 studierte. Auf der gegenüberliegenden Seite fällt das große Glasgebäude mit einem modernen botanischen Garten auf. In dem lichtdurchfluteten Bau von Jean Nouvel präsentiert die **Cartier-Stiftung** noch bis Ende 2025 zeitgenössische Kunst, dann im „Louvre des Antiquitaires".

Ab 1912 unterhielt Picasso bereits ein Atelier in Nr. 242. Gegenüber liegt bei Nr. 247 die Passage d'Enfer, eine der ersten von Napoleon III. geförderten Arbeitersiedlungen. Einen zweiten Ausgang hat die Wohnstraße von 1857 auf der **Rue Campagne-Première,** die wir unbedingt näher anschauen müssen. Bei Nr. 31–33 erwartet uns das wohl spektakulärste **8** **Atelierhaus** von Paris. 1911 hatte es der Architekt André Arfvidson in moderner Stahlbetonbauweise entworfen. Die von der Stadt Paris prämierte Fassade aus geflammtem Steinzeug ist eine Kreation des berühmten Keramikers Alexandre Bigot. Hinter seiner mehr von der Wiener Sezession als von Guimard inspirierten Fassade ver-

Square Yves-Klein

bergen sich 20 Maisonettewohnungen, die geschickt ein Atelier mit Nordlicht zur Straße und den Wohnbereich zum Hof verbinden. Mit der seinerzeit sehr komfortablen Ausstattung – Bäder, Zentralheizung und Aufzüge – zielte das Atelierhaus auf damals bereits hoch gehandelte Künstler.

Fotograf Man Ray und Chaim Soutine, einer der Vertreter der „Schule von Paris", konnten es sich leisten, den zehnfachen Preis eines normalen Ateliers zu bezahlen. Die mittellosen Kollegen kamen im benachbarten Hotel Istria unter, darunter die Dada-Künstler Marcel Duchamp, Tristan Tzara und Francis Picabia sowie Komponist Eric Satie.

An der Ecke zur **Passage d'Enfer** erinnert eine Plakette an den Fotografen Eugène Adget. Der Chronist von Paris lebte hier bis zu seinem Tod 1927. Die Cité des Artistes im Hinterhaus der Nr. 9 wurde vor dem Ersten Weltkrieg zum Sammelbecken für Künstler. Die Surrealisten Giorgio de Chirico und Max Ernst, die Vertreter der Schule von Paris Amedeo Modigliani und Léonard Foujita oder die Meister der Abstraktion Wassili Kandinsky und Joan Miró hatten eines der über 100 Ateliers angemietet.

Nebenan in Nr. 7 wohnte der Tierbildhauer François Pompon. Das Gebäude seines Ateliers in Nr. 3, wo auch Modigliani arbeitete, ist durch einen Neubau ersetzt. Zurück

Passage d'Enfer

10 PLAISANCE UND MONTPARNASSE

Montparnasse-Friedhof

zum Boulevard passieren wir noch das Haus Nr. 14, wo Yves Klein, der früh verstorbene Mitbegründer des Nouveau Réalisme, zusammen mit seiner Frau, der Künstlerin Rotraut Uecker, seine letzte Wohnung hatte. Der Garten an der Ecke zum Boulevard Raspail ist ihm gewidmet, mit Parkbänken fast in Yves-Klein-Blau. Direkt davor hauchte Jean-Paul Belmondo im Godard-Streifen „Außer Atem" sein Leben aus. Seine Filmpartnerin Jean Seberg ist auf dem 9 **Montparnasse-Friedhof** beerdigt. Für einen Abstecher auf den zweitgrößten Friedhof von Paris überqueren wir den Boulevard und biegen in die Rue Emile Richard ab. Die Straße zerschneidet die Anlage an ihrem östlichen Rand. Nach ein paar Metern nehmen wir den ersten Eingang auf der rechten Seite.

Wie auf Père-Lachaise sind hier ab 1824 ebenfalls viele Prominente bestattet. Dazu gehören die Poeten Baudelaire und Maupassant, Bildhauer César und Bartholdi, Musiker Juliette Greco, Jane Birkin und Serge Gainsbourg und Präsident Chirac. Den meisten Besuch bekommen Sartre und Simone de Beauvoir gleich rechts vom Haupteingang am **Boulevard Edgar Quinet.** Das weltberühmte Klein-Blau wurde beim Künstlerbedarf ADAM, seit 1898 am Boulevard Quinet Nr. 11, erfunden.

Auf dem Gelände ist eine historische Mühle stehen geblieben, die um 1800 zum Tanzlokal wurde. Später wohnten hier die Friedhofswärter.

Nach der Friedhofsrunde geht es links auf den Boulevard bis zur Rue de la Gaîté. Mit ihren Straßencafés und Theatern ist sie wirklich eine fröhliche Straße. Wir überqueren den Boulevard, der jeden Sonntag zum Künstlermarkt wird, und spazieren halbrechts in die **Rue Delambre.** Nahe dem alten Montparnasse-Bahnhof gab es hier bereits im 19. Jahrhundert viele Hotels. Im heutigen Hôtel Delambre mit der türkisgrünen Ladeneinfassung auf Nr. 35, stieg der Maler Paul Gauguin 1891 ab. 1920 quartierte sich auch der Schriftsteller André Breton ein, bevor er auf der Rue Fontaine zum geistigen Katalysator der surrealistischen Künstler wurde. Im benachbarten Hôtel des Bains hatte Simone de Beauvoir ein Zimmer. Sartre war daher häufig in der Bar in der Nr. 11 anzutreffen. Im Hotel auf der Nr. 15 mietete sich Man Ray ein, sein Fotostudio lag im Hof nebenan. Als Dingo Bar war die heutige Auberge de Venise in Nr. 10 ein Treff amerikanischer Schriftsteller der „Lost Generation" wie Henri Miller, Ernest Hemingway, F. Scott Fitzgerald, Ezra Pound und Thornton Wilder. Zwischen den Kriegen war Montparnasse voll von Amerikanern, die vom weltoffenen Paris und dem freien Zugang zu Alkohol angezogen wurden. Hemingway wohnte eine Zeit im Art-déco-Atelierhaus gegenüber, der erfolgreiche japanische Künstler Foujita hielt in Nr. 5 Hof.

Von hier sind es nur noch wenige Schritte bis zum Boulevard Montparnasse. Nah dem Bahnhof eröffnete das 10 **Café du Dôme** an der Ecke 1898 den Reigen der berühmten Bohème-Lokale. Dieses erste anglo-amerikanische Café wurde zur Hochburg amerikanischer Expats wie Hemingway und Miller. Von hier werfen wir noch einen Blick gegenüber in die schmale 11 **Rue de la Grande Chaumière.** In Nr. 14 siedelte sich die berühmteste private Kunstschule von Paris an, wo Antoine Bourdelle, Ferdinand Léger und Ossip Zadkine unterrichteten. Alexander Calder, Joan Miró, Tamara de Lempicka und Louise Bourgeois nahmen hier Unterricht. Auch Deutsche wie Arno Breker und Otto

Boulevard Edgar

Rotonde

Pankok gehörten zu den Schülern. In Nr. 8 unterhielt Paul Gauguin ein Atelier. Dort lebte auch der „Prinz von Montparnasse“ Amadeo Modigliani mit seiner oft gemalten Muse Jeanne Hébuterne. Beide hatten sich 1917 in der ⓬ **Rotonde** am Boulevard kennengelernt. Das Lieblingslokal Picassos etablierte sich bald nach seiner Öffnung 1911 als Asyl für Künstler, die dort Bilder in Kommission geben konnten. Hemingway setzte der Rotonde in seinem Erstling „Fiesta“ ein Denkmal, Gershwin feilte an der Partitur von „Ein Amerikaner in Paris“, Kiki de Montparnasse umgarnte Man Ray, und Lenin und Trotzki trafen sich dort zuweilen auf eine Partie Schach. Heute ist Präsident Macron ein diskreter und gern gesehener Gast. Im Nachbarhaus der Rotonde stand 1908 die Wiege von Simone de Beauvoir, die hier als „Tochter aus gutem Hause“ die ersten Lebensjahre verbrachte.

Coupole

Montparnasse-Hochhaus, Dachterrasse

Angezogen vom Erfolg folgten weitere Brasserien, die den Carrefour Vavin in den Goldenen Zwanzigern zur „Kreuzung der Welt" machten. 1923 öffnete das 13 **Select,** das regelmäßig von Hemingway und F. Scott Fitzgerald angesteuert wurde. Als Letzte der berühmten Vier folgte 1927 noch die 14 **Coupole** gegenüber, die durch ihr edles Art-déco-Ambiente besticht. Die Säulen des Saals wurden von Künstlern des Viertels gestaltet.

Jetzt spazieren wir auf dem Boulevard nach Westen, vorbei an der neoromanischen Église Notre-Dame des Champs bis zur Place du 18 Juin 1940. Ab 1852 lag dort der alte Montparnasse-Bahnhof, der im Zuge von Immobilienprojekten durch einen neuen Terminal etwas weiter südlich ersetzt wurde. Auf dem Areal des alten Bahnhofs wurde das 15 **Montparnasse-Hochhaus** errichtet. Mit 209 Metern ist es eines der höchsten Gebäude von Paris, dessen Aussichtsplattform besonders nachts einen fantastischen Blick über die Stadt bietet.

Rechts neben der Rotonde, auf einer Verkehrsinsel am Boulevard Raspail, steht Rodins Denkmal für Balzac.

11

START: Place de la Porte de Saint-Cloud, 75016 Paris
ZIEL: Metrostation Passy
LÄNGE: ca. 6 Kilometer
DAUER: ca. 2–2,5 Stunden
ÖPNV: Metrostation Porte de Saint-Cloud; am Ziel: Metrostation Passy
PARKEN: Parking Indigo Versailles Reynaud, 191 Avenue de Versailles, 75016 Paris

UNTERWEGS ENTDECKT

1. Hameau Michel-Ange
2. École du Sacré-Cœur
3. Villa Mulhouse
4. Atelier von Carpeaux
5. Aérodynamique Eiffel
6. Notre-Dame de Auteuil
7. Hôtel Guimard
8. Le-Corbusier-Stiftung
9. Hôtel Mezzara
10. Jardin de la Fondation d'Auteuil
11. Rue Agar
12. Castel Béranger
13. Radio France
14. Wohngebäude Perrault
15. Maison de Balzac
16. Parc de Passy

ESSEN + TRINKEN

Maison de Balzac, 47 Rue Raynouard, 75016 Paris,
Tel. +33 (1) 55 74 41 80, maisondebalzac.paris.fr
(Wirklich idyllisch ist eine Rast im Café des Balzac-Museums. Inmitten eines Landhausgartens kann man kleine Snacks der Rose Bakery mit Blick auf den Eiffelturm genießen.)

Radioeat, 116 Avenue du Président Kennedy, 75016 Paris,
Tel. +33 (1) 47 20 00 29, radioeat.com
(Im Restaurant von Radio France bekommt man internationale Küche zu moderaten Preisen. Der Clou ist im Sommer die Terrasse, wo abends auch ein DJ auflegt.)

AUTEUIL UND PASSY

Jugendstil im noblen Westen

Als Ludwig XIV. den Hof nach Versailles verlegte, entdeckte die Aristokratie das Dörfchen Auteuil. Westlich des alten Paris an Hängen oberhalb der Seine gelegen war es der perfekte Ort für einen Landsitz, in dem man dank guter Luft, eisenhaltigen Quellen und passablem Wein auch zum Kuren kam. Seitdem der Ort 1860 nach Paris eingemeindet wurde, hat er mehrere große Bauwellen über sich ergehen lassen müssen. Heute wechseln sich erhaltene ländliche Strukturen, Jugendstilbauten von 1900 und die Architektur des Internationalen Stils ab und machen den Reiz des Quartiers im 16. Arrondissement aus.

Die **Porte de Saint-Cloud** erinnert an ein Tor der letzten Stadtmauer, die in den 1920er-Jahren abgerissen wurde. Der Platz entstand 1928, kurz darauf wurde die Kirche Sainte-Jeanne-de-Chantal gebaut. Die Brunnen hat Paul Landowsky zur Weltausstellung 1937 geschaffen. Bekannt ist der Bildhauer für seinen Christus von Rio de Janeiro.

Zwei Straßen rechts der Kirche nehmen wir die Rue Michel-Ange, die 1862 unter Haussmann angelegt wurde. Rechts in der Rue Parent de Rosan begleitet uns die Mauer des Friedhofs von Auteuil, wo sich das Grab des Komponisten Charles Gounod befindet. Wenige Schritte weiter stehen wir rechts im ❶ **Hameau Michel-Ange** in ländlichem Idyll mit flachen Wohnhäusern und Vorgärtchen. Die Sackgasse, eine der für das Quartier typischen sogenannten „Villas“, ist als eine der wenigen frei zugänglich.

In der Villa Montmorency an der Rue Poussin wohnen gut abgeschirmt Prominente wie Popstar Mylène Farmer und Expräsident Sarkozy.

Bei Nr. 16 können wir das kleine Paradies hinter dem Portal der Villa Émile Meyer nur erahnen. Sie gehört zu einem 1887 eingeweihten Komplex kleiner Wohnstraßen, der Villa Mulhouse.

Ein paar Meter zurück biegen wir dann in die schmale Avenue de la Frillière ein. Bei Nr. 11 stoßen wir auf ein unge-

Porte de Saint-Cloud

Atelier von Carpeaux

wöhnliches Wohnhaus. Es ist die ehemalige 2 **École du Sacré-Cœur,** eines der frühen farbenfrohen Projekte des Jugendstilarchitekten Hector Guimard. Innovativ auf türkisfarbene V-förmige Eisenpfeiler gesetzt bot die kleine Religionsschule mit ihrer gelb-roten Backsteinfassade 1895 sogar Platz für einen Schulhof.

Schräg gegenüber liegt die Villa Lorrain als ein heute abgetrennter Bereich der 3 **Villa Mulhouse.** Deren ebenfalls nicht regulär zugänglichen Haupteingang finden wir rechts bei der Nr. 19 der Rue Claude Lorrain. Nach einem Vorbild aus dem Elsass ist die Gartensiedlung mit 67 ursprünglich flacheren Häuschen entstanden, die besseres Wohnen für Arbeiter ermöglichte. Heute ist es purer Luxus, inmitten von Paris wie auf dem Land zu leben.

Nach links über die Rue Chardon-Lagache erreichen wir den Boulevard Exelmans und das sogenannte 4 **Atelier von Carpeaux.** Das Erdgeschoss des Hauses Nr. 39 hat Hector Guimard signiert, jedoch nur das aufgestockte Obergeschoss aus Backstein entworfen. Den Auftrag erhielt er von der Witwe des Bildhauers, der für den „Tanz“, die ausdrucksstarke Portalfigur der Opéra Garnier, bekannt ist. Das Haus ist das letzte Überbleibsel des zuvor deutlich größeren Familienanwesens. Im Erdgeschoss fanden Ausstellungen und Empfänge statt, gearbeitet hat Jean-Baptiste Carpeaux hier aber nie, sein wirkliches Atelier stand bei Nr. 25.

Jenseits des Boulevards biegen wir von der Rue Chardon-Lagache in die Rue Musset ab, an deren Ende sich eine kleine Industriehalle befindet. Mit 79 Jahren immer noch agil hatte Gustave Eiffel hier eines der weltweit ersten Windkanallabors errichtet, in dem er hauptsächlich Tests für die Luftfahrt durchführte, für Peugeot aber auch einen Rennwagen optimierte. Der Haupteingang von 5 **Aérodynamique Eiffel** ist an der Rue Boileau. Direkt gegenüber befindet sich die vietnamesische Botschaft, die mit ihrem pagodenartigen Dach Tradition und Moderne verbindet. Die Botschaft von Namibia hat bei Nr. 42 ihren Sitz. Im Jugendstilhaus direkt daneben, dem Hôtel Danois, unterhält die konsularische Vertretung von Algerien eine Schule.

Der folgende Eingang, Nr. 38, führt wieder in ein Überbleibsel des ländlichen Auteuil, den **Hameau Boileau,** deren kleine Privatstraßen mit Cottage Houses, Schweizer Chalets und neogotischen Häusern 1838 angelegt wurden. Am Portalgebäude ist ein Relief des Malers Hubert Robert und des Poeten Nicolas Boileau zu sehen.

Das **Hôtel Roszé** bei Nr. 34 ist das heute älteste Gebäude von Hector Guimard. Er baute es 1891 mit 24 Jahren für einen befreundeten Händler von Lederhandschuhen. Außerdem plante er den Garten und entwarf Teile der Innenausstattung. Vorbei an Radio NRJ bei Nr. 22 spazieren wir zum Ende der Straße und biegen dort rechts auf die Rue Auteuil. Einen Moment verlassen wir die Geschäftsstraße nach rechts in die schmale **Rue du Buis,** die noch die Struktur des alten Dorfkerns erkennen lässt. Im Haus Nr. 6 wurde die Schriftstellerin Olympe de Gouges 1793 gefangengenommen, die kurz zuvor die „Menschenrechte für die Frau“ verfasste. Noch im selben Jahr wurde die Intimfeindin von Robespierre in einem Schauprozess zum Tode verurteilt.

Der Namensgeber der Rue Boileau besaß um 1700 einen Landsitz bei Nr. 26. Der befreundete Kollege Racine fand ihn dort „glücklich wie einen König“.

Am Ende der Straße nach links geht es zur Kirche **6 Notre-Dame de Auteuil.** Über einem mittelalterlichen Vorgängerbau wurde sie 1892 vollendet. Mit ihren neoromanisch-neobyzantinischen Formen erinnert der Bau an Sacré-Cœur. Der Obelisk auf dem Vorplatz ist ein Relikt des alten Friedhofs.

Notre-Dame de Auteuil

Gegenüber der Kirche fällt die **Chapelle Sainte-Bernadette** mit ihrer durchbrochenen Backsteinfassade auf. Auch das Innere der 1937 geweihten Kapelle ist mit einem schiffsrumpfartigen Tonnengewölbe bemerkenswert. Ein Stück zurück auf der Rue Auteuil nehmen wir die Rue Pierre Guérin nach rechts, die auf eine mehrstrahlige Kreuzung mündet.

Links des kleinen Bankgebäudes geht's in die Avenue Mozart. Bei Nr. 120 und 122, an der Villa de Flore, können wir verschiedene Stilphasen von Hector Guimard vergleichen. Nach der Heirat mit der amerikanischen Malerin Adeline Oppenheim erwarb Guimard das Eckgrundstück

Nr. 122. Auf dem Höhepunkt seiner Karriere entstand dort bis 1912 sein ⑦ **Hôtel Guimard** als Gesamtkunstwerk. Neben der asymmetrischen Fassade mit den organischen Linien entwarf er auch sämtliches Dekor und die maßgefertigten Möbel. Das Paar bewohnte bis 1930 die ersten beiden Etagen, darüber richtete Guimard das Atelier seiner Frau ein, sein Büro lag im Erdgeschoss. Guimards Monogramm ist noch über dem Portal zu sehen.

Lange Zeit verpönt, hatte die Stadt Paris den Guimard-Nachlass ausgeschlagen. Dieser ist auf diverse Museen in Frankreich und in New York verstreut.

Den Auftrag für das Eckhaus gegenüber bekam der Architekt knapp 15 Jahre später. Längst nicht mehr en vogue bemühte er sich, das Hôtel Houyvet stilistisch mit kantigen Linien an den neuen Geschmack des Art déco anzupassen. Dies ist ihm wesentlich besser bei der Fassade der Rue Henri **Heine Nr. 18** gelungen, in die wir nach links abgebogen sind. Hier wohnte Guimard, bis er 1938 mit seiner jüdischen Frau Hals über Kopf nach Amerika auswanderte. Zwischenzeitlich erblindet starb er 1942 in New York.

Hôtel Guimard

Ein Abstecher zur Rue Blanche 55 führt in einen grünen Innenhof. Zusammen mit seinem Cousin Jeanneret hatte Le Corbusier 1923 zwei puristische Stahlbeton-Häuser geplant. Die Villen werden von der ⑧ **Le-Corbusier-Stiftung** genutzt und gehören zum UNESCO-Welterbe. In der Villa La Roche können Besucher Le Corbusiers Prinzipien modernen Bauens erleben.

Zurück bis zur Rue Jasmin finden wir am Square Jasmin ein weiteres Gebäude Guimards von 1921. Im Vergleich zu seiner Hochphase hatte er gelernt, preiswerter zu planen. Die Produktion der nun standardisierten Bauelemente hatte er patentieren lassen, damit konnte er auch die Bauzeit deutlich verkürzen.

Am Ende der Straße nach rechts geht es bis zur Rue Jean de la Fontaine, der „Guimard-Straße" schlechthin.

11 AUTEUIL UND PASSY

Hôtel Mezzara

Nach links, bei Nr. 60 stoßen wir direkt auf einen seiner Entwürfe. Im Vergleich zur Avenue Mozart besitzt das 1911 fertiggestellte ⑨ **Hôtel Mezzara** eine weniger verspielte, klassischere Fassade. Auftraggeber war ein mit Guimard befreundeter Textilfabrikant, der unter den Wohnräumen auch einen Verkaufsbereich im Erdgeschoss einrichten ließ. Nach dem Verkauf 1930 zog in das Haus eine Privatschule ein. Ab 1953 in staatlicher Hand diente der Bau bis 2015 als Schulinternat. Seitdem bemüht sich der Verein Cercle Guimard um den Erhalt des Hauses samt Inneneinrichtung. Dazu gehören das Glasdach des Lichthofs, die Fenstereinfassungen, Mobiliar und sogar das Besteck im Esszimmer. 2027 soll hier das neue Guimard-Museum eröffnen.

Bei Nr. 40 schauen wir in den ⑩ **Jardin de la Fondation d'Auteuil.** Seit 1985 steht der Garten als Begegnungsort im Quartier allen offen. Er gehörte zu einer Lehranstalt für Waisenkinder, die hier ab 1866 handwerklich ausgebildet wurden. Heute fördert die Stiftung jedes Jahr rund 30.000 sozial benachteiligte Kinder und Jugendliche.

Auf dem Gelände steht die neogotische Kapelle Sainte-Thérèse, die 1925 geweiht wurde. Ihre Außenfassade erinnert an die Sainte-Chapelle.

Zurück auf der Straße finden wir schräg gegenüber in der Rue Millet Nr. 11 noch einmal ein Haus von Hector Guimard, das er 1910 mit einer relativ schlichten Fassade entwarf. Im weiteren Straßenverlauf treffen wir auf Guimards größtes Projekt. Von 1909 bis 1911 baute er ein Ensemble aus sechs Häusern, das die Nr. 8 und 10 der ⑪ **Rue Agar,** Nr. 17–21 an der Rue Jean de la Fontaine sowie Nr. 43 der Rue Gros umfasst. Typisch für seine erfolgreichste Zeit setzte er weiter auf verschiede-

Fondation d'Auteuil, Sainte-Thérèse

ne Baumaterialien an der Fassade, die nun jedoch farblich angeglichen waren. Bankier Edouard Oppenheim, Guimards Schwiegervater, und Léon Nozal finanzierten das Projekt. Letzterer gehörte zu einer Industriellenfamilie, die bereits seit rund 15 Jahren Hauptauftraggeber des Architekten war.

Auch die Straßenschilder der Rue Agar tragen mit den geschwungenen Jugendstilbuchstaben Guimards Handschrift.

Nur ein paar Häuser weiter auf der linken Straßenseite kommen wir zum Hameau Béranger, in der wir die Rückseite von Guimards außergewöhnlichstem Bau entdecken können. Bis zu seinem Umzug in die Avenue Mozart unterhielt der Architekt ein Wohnatelier im Erdgeschoss des Eckhauses zur Rue Jean de la Fontaine. 1894 gab die Tuchhändlerwitwe Fournier bei Guimard den Komplex aus 36 Wohnungen in drei Gebäuden in Auftrag. Der 27-Jährige entwarf dafür auch die komplette Inneneinrichtung mit Wandverkleidungen, Beschlägen, Kaminen und dem Mobiliar. Das ⓬ **Castel Béranger** machte ihn über Nacht berühmt. Die asymmetrische Fassade mit metallenen Ranken und Fabelwesen polarisierte stark. Für einige wurde Guimard mit diesem „Maison

Garten des Balzac-Museums

des Diables" zum Meister des „Nudelstils". Die Jury des ersten Pariser Fassadenwettbewerbs nahm er mit der radikalen Abkehr von den Haussmann'schen Gestaltungsprinzipien jedoch sofort für sich ein. Mit diesem Erfolg hatte er den Auftrag für die Gestaltung der Pariser Metroeingänge praktisch schon in der Tasche.

Am Ende der Straße spazieren wir weiter geradeaus gen Eiffelturm auf die Rue Raynouard, die schon zum Stadtviertel Passy gehört. Im Rundbau von ⑬ **Radio France** nahmen die nationalen Rundfunksender 1963 ihren Betrieb auf. In der äußeren Hülle sind Büros und kleinere Studios untergebracht, das große Rundfunkstudio „104" und das neue Auditorium liegen in der Gebäudemitte. Der Saal ist die Zweitspielstätte des Hausorchesters „Orchestre National de France", das hauptsächlich im Théâtre des Champs-Élysées zu erleben ist.

Wir folgen der Straße hügelaufwärts bis zur Nr. 51. Das siebengeschossige **Wohngebäude** hat Auguste ⑭ **Perrault** 1932 entworfen. Der „Meister des Stahlbetons" lebte und arbeitete bis zu seinem Tod in der obersten Etage. Obwohl er Parteigänger des Vichy-Regimes war, riss sein Erfolg auch nach dem Zweiten Weltkrieg nicht ab. Als Generalplaner leitete er den Wiederaufbau von Le Havre, dessen Konzeption mittlerweile unter UNESCO-Schutz steht.

Castel Béranger

Direkt dahinter befindet sich ein moderner Treppenbau, der zur idyllisch gelegenen ⑮ **Maison de Balzac** hinunterführt. Der Schriftsteller bewohnte von 1840 bis 1847 das Gartengeschoss des Landsitzes „Folie Bertin", damals noch vor den Toren der Stadt gelegen. Seine „Hütte von Passy"

Square Charles Dickens

war zu seiner Zeit nicht von der Straße aus einsehbar, sodass er mehrmals vor seinen zahlreichen Gläubigern über einen Nebenausgang an der Rue Berton fliehen konnte. 1910 wurde in seinem einzig noch erhaltenen Domizil das Museum eingerichtet. Dort kann man sich in die Figurenwelt der Comédie humaine vertiefen und dem Dichter anhand von Alltagsgegenständen näherkommen.

Treppe in der Rue des Eaux

Vom Museum gehen wir ein Stück zurück und nehmen die Treppe zur Rue Berton, die sich den Charakter des früheren Weinbauerndorfes mit ihren alten Steinmauern und Relikten der früheren Gasbeleuchtung bewahrt hat. Auf der linken Seite ist die grüne Tür zu sehen, durch die sich Balzac ins Freie rettete. Daneben ist ein Grenzstein von 1731 eingelassen, der aber bei Historikern umstritten ist. Gut bewacht ist die Residenz des türkischen Botschafters gegenüber. Das Anwesen aus dem 17. Jahrhundert gehörte ab 1783 der Prinzessin de Lamballe, der engsten Freundin von Königin Marie-Antoinette. 1847 zog die Heilanstalt des Dr. Blanche vom Montmartre hierher um, Guy de Maupassant verbrachte dort seine letzten Monate.

An der Rue d'Ankara führt gegenüber der Botschaft ein Seiteneingang in den 16 **Parc de Passy,** den wir im oberen Teil mit Blick zum Eiffelturm durchqueren. Dem Ausgang an der Avenue René Boylesve liegt eine für Fußgänger geöffnete Privatstraße gegenüber. Durch sie erreichen wir die Rue Charles Dickens, an deren Ende in einem hübschen Hof das Weinmuseum versteckt liegt, das hinunter in alte Kalksteingrotten führt. Über die Rue des Eaux geht's jetzt noch zum charmanten Square Alboni, wo wir die Station Passy der hier oberirdisch verkehrenden Metro finden. Das beliebteste Stück der alten Trasse führt auf der doppelstöckigen Bir-Hakeim-Brücke über die Seine – ein traumhaftes Fotomotiv vom Eiffelturm.

12

START: Hinterausgang der Metrostation Esplanade de la Défense, 92800 Puteaux
ZIEL: Metrostation Grande Arche de la Défense
LÄNGE: ca. 3,5 Kilometer
DAUER: ca. 1,5–2 Stunden
ÖPNV: Metrostation Esplanade de la Défense;
am Ziel: Metrostation Grande Arche de la Défense
PARKEN: Zenpark Courbevoie, Esplanade de la Défense – Pont de Neuilly, 6 Boulevard de Neuilly, 92400 Courbevoie

UNTERWEGS ENTDECKT

1. Takis-Bassin
2. Initiale
3. First
4. CB21
5. Place d'Iris
6. Saint-Gobain
7. D2
8. Ariane und Majunga
9. Carpe-Diem
10. Cœur Defense
11. Opus 12
12. EDF
13. Die Verteidigung
14. Miró
15. Calder
16. Total-Coupole
17. Notre-Dame-de-Pentecôte
18. CNIT
19. Daumen von César
20. Grande Arche

ESSEN + TRINKEN

Mama Shelter Paris La Défense, 10 Rue Jean Jaurès, 92800 Puteaux, Tel. +33 (1) 40 81 02 02, fr.mamashelter.com/paris-la-defense
(Das Lokal bietet Brunch mit Aussicht und im Sommer eine Rooftop-Terrasse.)

Foodtrucks, Esplanade de la Défense, parisladefense.com/fr/decouvrir/food-trucks
(Die regelmäßig wechselnden „rollenden Küchen" an sechs Standorten sind wochentags eine Institution.)

LA DÉFENSE

Manhattan-sur-Seine

Wo heute die Wolkenkratzer in den Himmel ragen, sah es vor 100 Jahren noch dörflich aus. Damals träumten Le Corbusier, Mallet-Stevens und Perrault davon, hier eine Planstadt zu entwickeln. 1958 stand die Kongresshalle CNIT noch wie ein UFO in dem kaum erschlossenen Gelände. Der Bauboom setzte in den 1960er-Jahren ein, wo auf 100 Meter Höhe genormte, dann freier geplante Hochhäuser entstanden. Nach der Ölkrise folgte in den 1980er-Jahren eine dritte Bauphase, die die Lücken füllte und mit der Einweihung des „Dritten Triumphbogens" 1989 endete. In einer weiteren Welle in den 1990er-Jahren entstanden die „Faubourgs". Seit rund 20 Jahren läuft die fünfte Phase. Rasante Hochhäuser entstehen, ältere werden energetisch ertüchtigt und viele neue Grünflächen machen das Quartier attraktiver.

Die vollautomatische Metro 1 spuckt uns 10 Minuten westlich des Triumphbogens inmitten der Wolkenkratzer aus. Der Hinterausgang führt uns zum Beginn der Esplanade. Über das ❶ **Takis-Bassin,** dessen bunte Signalanlagen ein Wasserballett aufführen, sieht man bis zum Arc de Triomphe.

Die auf Ludwig XIV. zurückgehende Historische Achse führt vom Louvre 8 Kilometer weit nach Westen bis zur Grande Arche de la Défense.

Rechts vor dem Bassin Richtung Seine erhebt sich der ❷ **Initiale-Turm.** Als Tour Nobel für das Dynamit-Konsortium gebaut, war die in 10 Monaten hochgezogene Konstruktion von Jean de Mailly, Jacques Depussé und Jean Prouvé 1966 einer der ersten beiden Türme von La Défense, die damals auf rund 100 Meter Höhe genormt waren.

Auf der gegenüberliegenden Seite ragt die markante Spitze der ❸ **Tour First** in den Himmel. Als Tour Assur 1974 für drei Versicherungen auf dreistrahligem Grundriss konstruiert, wurde der Bau bei der Renovierung 2011 um 50 Meter aufgestockt und ist mit 231 Metern derzeit das höchste Gebäude Frankreichs.

12 LA DÉFENSE

Links dahinter kommt der **Alto-Turm** mit seiner gläsernen Gürteltier-Fassade nur auf 150 Meter. Dort hat der französische Zweig von Heidelberg Cement seinen Hauptsitz.

Im Südosten von La Défense, hinter dem Allianz-Bau, steht seit 2025 das Hochhaus „The Link", das mit 242 Metern der neue höchste Büroturm Frankreichs ist.

Links neben den beiden dominiert der dunkelgrüne Glasturm 4 **CB21** die vordere Esplanade. Er wurde 1974 für die Versicherung GAN gebaut und ignorierte mit 187 Metern erstmals die Höhennorm. Der hinter dem Triumphbogen aufragende Wolkenkratzer wurde erst nach einem Machtwort von Präsident Pompidou vollendet. Seit der Renovierung 2010 ist der Umweltkonzern SUEZ Hauptnutzer.

Auf dem Weg gen Westen lädt die grüne Bank zum Probesitzen ein. Zweieinhalbfach vergrößert rückt die Künstlerin Lilian Bourgeat Alltägliches in den Fokus.

Entlang der Rabatten geht es dann an der Treppe rechts ab. Der Bildhauer Raymond **Moretti,** der in La Défense lebte, hat einen 32 Meter hohen Lüftungsschacht der unterirdischen Autobahn mit rund 700 bunten Glasfaserröhren verkleidet. Dahinter öffnet sich die 5 **Place de l'Iris,** die

Esplanade

mit ihren Bäumen perfekt für eine Mittagsrast ist. Wochentags muss man seinen Platz an der Sonne organisieren, bevor die Angestellten der umliegenden Büros in die Pause strömen. Über der Szenerie balanciert der Nachtwandler von Henri de Miller. Den Platz beherrscht der 6 **Saint-Gobain-Turm,** dessen Fassade mit dem Licht spielt. Mit der kristallartigen, 167 Meter hohen Firmenzentrale hat sich der Glaskonzern die beste Referenz geschaffen. Rechts von Saint Gobain steht seit 2021 eine Skulptur von Cyril Lancelin. Die Anordnung der goldenen Kugeln erinnert an die Grande Arche.

Wir verlassen den Platz nach Westen, vorbei am 110 Meter hohen **Manhattan-Turm.** Mit seiner organischen Grundfläche war er 1975 der erste, der aus der ge-

Place de l'Iris

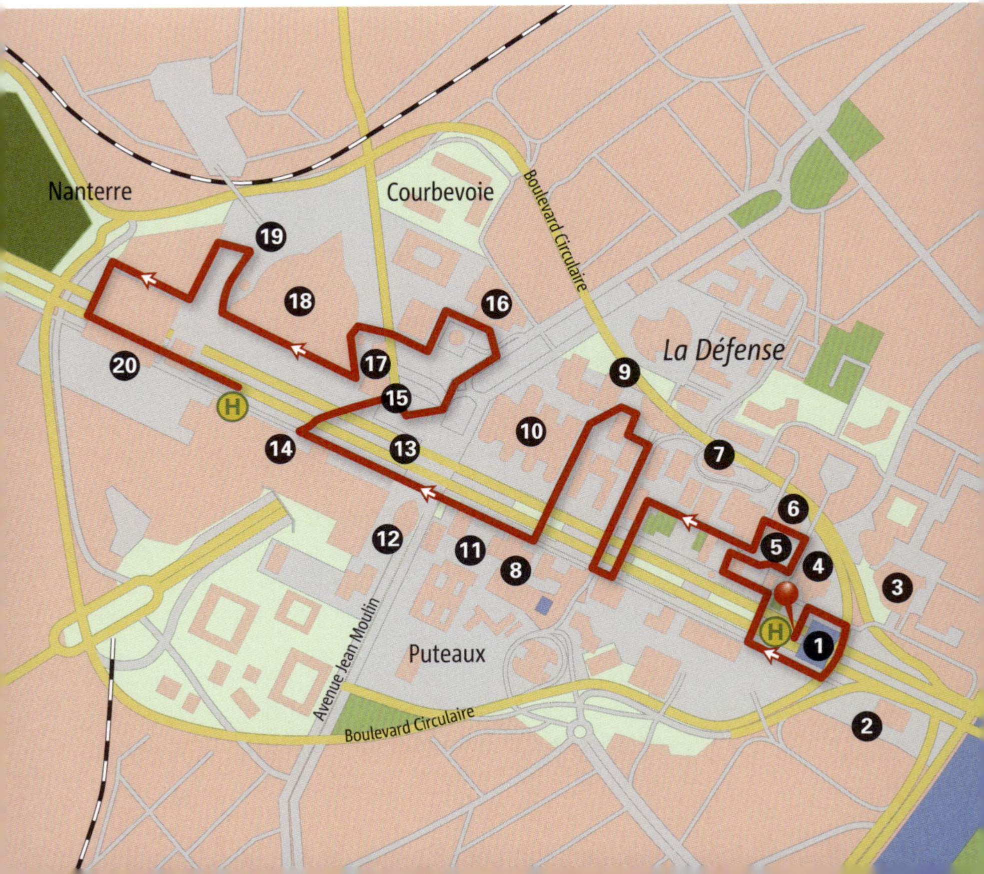

Jardin des Reflets

normten Quaderform ausbrach. Im Claude-Zidi-Film „Brust oder Keule“ diente er als Kulisse für den Fast-Food-Konzern Tricatel, gegen den Louis de Funès als Restaurantkritiker ins Feld zog.

Schräg dahinter sind die Metallrauten des 7 **D2-Hochhauses** ein Blickfang. Aufgrund der limitierten Grundfläche entschieden sich die Architekten Anthony Béchu und Tom Sheehan für das fotogene externe Tragwerk. Wegen seiner Form wird der Bau „Cornichon“ genannt – nach London und Barcelona brauchte auch Paris eine Gurke! Besitzer ist die Versicherung der französischen Großbank Société Générale. Davor stehen der Aurore- und der CGI-Turm aus den 1970er-Jahren. Beide messen rund 100 Meter und wurden kürzlich modernisiert. Sie begrenzen die **Place des Reflets,** wo seit 2016 im ersten Gemeinschaftsgarten von La Défense Gemüse und Küchenkräuter gedeihen.

Unter den Arkaden des Wohnbaus gelangen wir wieder zur Esplanade. Baumscheiben und Rabatten sind hier mit sich wiederholenden Gesichtern aus weißem Beton eingefasst – **„Der Tanz“** ist ein Werk von Shelomo Selinger. Als Kind überlebte er den Holocaust und verarbeitete dies als Bildhauer mit lebensbejahenden, aber auch mahnenden Skulpturen.

Im südlichen Teil der Esplanade fallen zwei Türme ins Auge, die die Geschichte des Quartiers illustrieren. Der kleinere 8 **Ariane-Turm** mit der unverwechselbaren Betonrasterung wurde 1975 von Jean de Mailly, einem der Hauptplaner von La Défense, nach dem Vorbild seines Tour Initiale errichtet. Daneben ragt der 8 **Majunga-Turm** 195 Meter hoch auf. Die Anmutung dreier verspringender Gebäudeteile verleiht der Fassade Spannung und Dynamik. Als typischer Vertreter der energieeffizienten, jüngsten Baugeneration ist das Hochhaus durchgängig bepflanzt. Die Mitarbeiter von Deloitte und Axa können auf jeder Etage eine begrünte Loggia nutzen. Vor den beiden Bauten wurde nochmals ein Abluftschacht zum Kunstwerk, den Guy-Rachel Grataloup für „Die drei Bäume" mit Keramik verkleidete.

D2, CBX und Carpe Diem

Auf der gegenüberliegenden Seite der Esplanade entdecken wir entlang der Treppe zwei Brunnen mit Stahlskulpturen. Die „Seerose" als Reminiszenz an Monet und der „Mechanische Vogel" sind Werke des griechischen Bildhauers Philolaos Tloupas. Die Treppe führt zur **Place des Corolles** auf den weißen Blanche-Turm von 1967 zu, einer der ersten Bauten von La Défense. Die benachbar-

Der Tanz, dahinter Majunga, Ariane und EDF

te Tour Europe erhält durch graue Granitpaneele eine edle Anmutung. Vor den Türmen laufen Wasserkaskaden über einen Kupferkörper in das Becken des Corolles-Brunnens von Louis Leygue. Links davon setzt das Mosaik „Der Bildhauer der Wolken" des ungarischen Künstlers Atila einen Farbakzent. Seit 1995 belebt außerdem ein Garten mit Bambushecken, Blumen und bunten Architekturelementen den Platz.

Im benachbarten Europlaza-Turm sitzt seit 2019 die Europäische Bankenaufsicht, die nach dem Brexit von London hierher verlegt wurde.

Das Geviert überragt der 9 **Carpe-Diem-Turm,** der 2012 das frühere France Telekom Hochhaus ersetzte. Mit seiner Fassade, die an einen geschliffenen Diamanten erinnert, gehört er zu den fotogensten Wolkenkratzern des Quartiers. Mit Dreifachverglasung, Solarenergie und natürlicher Ventilation haben Robert Stern und die SRA-Architekten den Bau ökologisch optimiert. Der Clou der Lobby ist ein 17 Meter hoher Wintergarten mit exotischen Pflanzen.

Cœur Défense

Die Nordseite des Platzes beschließt eines der größten Projekte von La Défense, 10 **Cœur Défense.** Der dominante Baukörper ersetzte 2001 das Essogebäude, das als erstes für einen Neubau wieder weichen musste. Die beiden abgerundeten, 180 Meter hohen Türme und das mehrfach gerundete Atrium hat Jean-Paul Viguier für Crédit Lyonnais entworfen. Vor dem Atrium hat Édouard François einen der Lüftungsschächte in ein begrüntes Kunstwerk verwandelt.

Vor dem Scheitelpunkt der Verkehrsachsen in La Défense lädt uns Yaacov **Agam** seit 1988 an seinem **„Monumentalen Brunnen"** zum Verweilen ein. Für das 425 Kubikmeter fassende Becken hat er ein buntes Emaille-Mosaik kreiert, in dem 66 Fon-

Opus, Atlantique, EDF hinter dem Agam-Becken

tänen nachmittags einer ausgeklügelten Choreographie folgen. Der Spezialist für kinetische Kunst war mit Präsident Pompidou befreundet und hatte auch dessen Büro im Élysée-Palast gestaltet.

Südlich des Beckens erhebt sich der Turm ⑪ **Opus 12.** Der frühere Crédit-Lyonnais-Bau von 1973 wurde bis 2004 asbestsaniert und generalüberholt. Mit seiner energieeffizienten zweiwandigen Glasfassade gehört er heute zu den elegantesten Bauten in La Défense. Rechts etwas zurückgesetzt steht der **Atlantique-Turm.** Seine weißen, vorkragenden Streben betonen die Vertikale und stehen im Kontrast zu den getönten Scheiben. Damit erinnert die Fassade an die früheren Twin Towers in New York, die zeitgleich gebaut wurden. Davor, am Rand des Agam-Bassins, entdecken wir die Skulptur **„Wachstum“**, eine aufgebrochene Stahlkugel, aus der sich ein junges Pflänzchen ins Licht reckt. Mit Lichteffekten und Spiegelungen bringt der koreanische Künstler Lim Dong-Lak Menschen und Orte miteinander in den Dialog.

Wachstum

Wie ein Kunstwerk mutet auch der ⑫ **EDF-Turm** von 2001 an. Der markante Bau von Ieoh Ming Pei, der auch die

Die Verteidigung

Miró und Calder

Louvre-Pyramide kreierte, erhebt sich über einem linsenartigen Grundriss. Durch eine konische Aussparung, die bis zur Mitte des Hochhauses reicht, überragen die oberen Etagen die Basis. Über dem Eingangsbereich scheint das „Raumschiff Enterprise" als Vordach zu schweben. Seit der Renovierung 2021 heißt der Bau Légende-Turm, weil der Energiekonzern EDF nicht mehr Hauptnutzer ist.

Inmitten der Esplanade schaut eine „betagte Dame", die Personifikation der Stadt Paris, zur Grande Arche. Die Bronzeskulptur 13 **„Die Verteidigung"** von Louis-Ernest Barrias wurde 1883 in der Nähe des letzten Schlachtfeldes im Deutsch-Französischen Krieg aufgestellt und gab dem Quartier den Namen. Sie ist heute das einzige historische Objekt in La Défense, das die komplette Entwicklung des ärmlichen Pariser Vororts zum wirtschaftlichen Herz Frankreichs in allen Bauphasen begleitet hat.

Den anschließenden Block belegt das größte Einkaufszentrum Frankreichs. Das **„Quatre Temps"** gehört mit seinen 230 Shops wie die Geschäftsbereiche im gegenüberliegenden CNIT zur Westfield-Gruppe. Für den Westeingang hat Botaniker Patrick Blanc einen seiner vertikalen Gärten kreiert.

Mittig vor dem Komplex ist eines der berühmtesten Kunstwerke des Skulpturenparks von La Défense. 14 **Miró** lässt zwei der Fantasie entsprungene Figuren miteinander flirten, die mit den für ihn typischen Farben Blau, Gelb und Rot ein beliebtes Fotomotiv sind. Genauso berühmt ist die rote Spinne von Alexander 15 **Calder** auf der gegenüberliegenden Seite der Esplanade. Mit seinem erhobenen Vorderkörper ist das hockende Tier 15 Meter groß und bietet damit Stoff für manchen Albtraum. Aber keine

Sorge, die 75 Tonnen schwere Stahlfigur hat sich seit der Aufstellung 1976 nicht mehr bewegt.

Durch den Durchgang des HSBC-Gebäudes gelangt man zur Place de la Coupole. Links der Passerelle ist auf Straßenniveau ein Stück der Berliner Mauer zu entdecken, das 2007 ersteigert wurde.

Geradeaus sieht man die fünf „Orgelpfeifen" des 16 **Total-Coupole-Gebäudes** von 1985. Die dunkle Isolierverglasung hat den 179 Meter hohen Bau der dritten Generation seinerzeit zum energieeffizientesten Hochhaus Europas gemacht. Aus Protest – u. a. gegen die Politik des Energieunternehmens – ist der französische „Spiderman" Alain Robert bereits zwölfmal ohne Absicherung an der Fassade hinaufgeklettert, zuletzt im September 2022.

Total-Coupole

Links davor steht der schwarze **Areva-Turm,** Sitz der Atomsparte von EDF. Geplant wurde er als Tour Fiat nach dem Vorbild des Lever-Towers in New York von Skidmore, Owings & Merrill. Das renommierte Architekturbüro hat dort auch das neue One World Trade Center auf dem Ground Zero entworfen.

Vor dem Hochhaus steht der „Große Toscano", eine Bronzebüste von Igor **Mitoraj.** Der polnisch-französische Künstler zitierte mit seinen Plastiken die Kunstwerke der Antike, zwei weitere Arbeiten sind im Universitätskomplex Leonardo-da-Vinci nördlich der Grande Arche zu finden.

Zurück auf der Esplanade ist hinter dem flachen HSBC-Gebäude etwas zurückgesetzt ein hellverkleideter Würfel auszumachen. Eine schmale Treppe lädt in das erste Stockwerk ein. Wer dort durch die schwere Glastür tritt, steht unvermittelt

Esplanade mit dem CNIT

in der 2001 geweihten 17 **Notre-Dame-de-Pentecôte.** Einem Campanile gleich ist vor den Cubus eine nur 80 Zentimeter schmale Glaswand davorgesetzt, in die als einziger christlicher Schmuck ein großes Kreuz eingelassen wurde.

Gegenüber der Kirche überspannt seit 1958 das gigantische Gewölbe des Kongresszentrums 18 **CNIT** eine Länge von 200 Metern. Da das Dach ohne Mittelstützen nur an drei Punkten aufliegt, bildet es die Form einer Jakobsmuschel. Für die Planung dieses ersten Gebäudes von La Défense waren Robert de Camelot, Jean de Mailly und Bernard Zehrfuss verantwortlich. Zwischen dem CNIT und dem Flachbau Collines de l'Arche sind 25 Stahlsäulen des Japaners Miyawaki aufgestellt, aus denen filigrane Drähte ragen, die im „Schwebezustand" sind.

Auf der Place Carpeaux, westlich des CNIT, ragt der 19 **Daumen von César** 12 Meter in die Höhe. Die Bronzefigur ist die größte Reproduktion des Originals, das nur 40 Zentimeter misst. Der Vertreter des Nouveau Réalisme wurde bekannt mit Figuren aus zusammengepressten Autowracks und hat auch die Trophäe für den französischen Filmpreis César geschaffen. Im schmalen Sequoia-Turm dahinter ist ein Teil des Umweltministeriums untergebracht. Im Engie-Gebäude daneben sitzt der heutige Spezialist für erneuerbare Energien, der aus dem Konzern Gaz-de-France hervorgegangen ist.

An der Nordseite der Arche setzen bunte Signale von **Takis** auch den Schlusspunkt der Esplanade. Über die Treppe gelangen wir ins Innere des Bogens. Von dort hat man einen guten Überblick über den alten Friedhof und neuere Bauten in Nanterre. 2017 eröffnete die **Arena** des französischen Stararchitekten Christian de Portzamparc. Das Rugbystadion wird mit seinen 40.000 Plätzen auch für Konzerte genutzt.

Grande Arche

Die **20** **Grande Arche** ist das Wahrzeichen des Quartiers. Aus einem Wettbewerb mit über 400 anonym eingereichten Konzepten wählte Präsident Mitterrand die Arbeit des unbekannten dänischen Architekten Johan Otto van Spreckelsen aus. Mit dem gleichermaßen einfachen wie kraftvollen Entwurf verwies er mehrere französische Stararchitekten auf die Plätze. Unter enormem Druck stehend starb van Spreckelsen noch während der Bauarbeiten. Paul Andreu, Architekt des Flughafens Charles de Gaulle, vollendete das „Fenster zur Welt", das zum 200. Jahrestag der Revolution 1989 eingeweiht wurde. Mit 70 Metern Höhe lässt die Öffnung des dritten Triumphbogens Platz für das Kirchenschiff der Kathedrale Notre-Dame. Die „Wolke", eine weiße Textilplane inmitten des Bogens, hat van Spreckelsen als Anker für das Auge geplant, um das Bauvolumen zu erfassen.

Auf den Stufen der Grande Arche sitzend endet unsere Architektur-Tour vor den Toren von Paris. Mit Baguette, Käse und Wein kann beim Blick über die Hochhäuser der Abend hier noch lang werden.

Auf den Geschmack gekommen?
Persönliche Führungen mit der Stadtstreicherin
durch Paris gibt es hier: stadtstreicherin.de

3., aktualisierte Auflage 2026

Konzeption / Gestaltung / Satz: Droste Verlag, Düsseldorf
Einbandgestaltung und Illustrationen: Britta Thiele, Marbach am Neckar
Fotos: Antje Kahnt
Textlektorat: Sandra Bollenbacher, Heidelberg
Karten: Angelika Solibieda, Karlsruhe
Druck und Bindung: LUC GmbH, Greven

FSC® www.fsc.org
MIX
Papier | Fördert gute Waldnutzung
FSC® C011279

ISBN 978-3-7700-2590-9
droste-verlag.de